LE

GUIDE DU PÈLERIN

DE

SAINT-JACQUES DE COMPOSTELLE

JEANNE VIELLIARD

LE

GUIDE DU PÈLERIN

DE

SAINT-JACQUES DE COMPOSTELLE

TEXTE LATIN DU XIIᵉ SIÈCLE, ÉDITÉ ET TRADUIT EN FRANÇAIS
D'APRÈS LES MANUSCRITS DE COMPOSTELLE ET DE RIPOLL

Ouvrage couronné par l'Institut (Prix Raoul Duseigneur 1938).

CINQUIÈME ÉDITION
Cinquième tirage

PARIS
LIBRAIRIE PHILOSOPHIQUE J. VRIN
6, PLACE DE LA SORBONNE, Vᶜ
—
2004

© *Librairie Philosophique J. VRIN*, 1978

Printed in France

ISBN 2-7116-9109-8

INTRODUCTION

Le Guide du Pèlerin de Saint-Jacques de Compostelle forme, comme l'on sait, le Ve livre du *Liber Sancti Jacobi* [1], ouvrage dédié à la gloire de l'apôtre saint Jacques le Majeur, dont le plus ancien exemplaire connu se trouve aujourd'hui dans les Archives du chapitre de la cathédrale à Saint-Jacques de Compostelle.

Le guide fut publié pour la première fois en entier par le Père Fita avec le concours de J. Vinson, en 1882 [2] ; depuis il a connu une singulière fortune. Son grand intérêt au point de vue de l'histoire littéraire a été particulièrement mis en relief par M. Joseph Bédier [3] ; d'autre part, mon vénéré maître M. Émile Mâle [4] a brillamment montré com-

---

1. Voir plus loin, p. IX, la composition de cet ouvrage auquel on donnait également le titre de *De miraculis S. Jacobi* qui est seulement celui d'un des livres qui le composent.

2. P. F. FITA et J. VINSON, *Le codex de Saint-Jacques de Compostelle...*, Paris, 1882.

3. J. BÉDIER, *Les légendes épiques*, t. III, Paris, 1912.

4. Émile MÂLE, *L'art religieux du XIIe siècle en France*, Paris, 1922.

* Les astérisques renvoient aux *addenda* et *corrigenda* de la p. 147.

bien il éclaire l'histoire de l'art et de l'iconographie du moyen âge.

Après ces deux maîtres, nombreux sont les érudits qui ont eu recours à cet ouvrage car, à côté de l'archéologie et de la littérature épique, il fournit de précieuses données à l'historien du moyen âge, au spécialiste de l'hagiographie, de la géographie humaine, de la topographie, de l'histoire de la civilisation comme aussi au philologue.

On devait donc s'attendre à voir publier au plus tôt le *Liber Sancti Jacobi* tout entier ou rééditer tout au moins ce V[e] livre dont l'intérêt est le plus varié. Il n'en a rien été; pourtant dès 1899, M. Friedel[1], après avoir donné une description très serrée du manuscrit conservé à Compostelle, en annonçait la publication prochaine; mais en 1912, M. Bédier se plaint de ne pas l'avoir encore vue paraître[2], elle est toujours attendue. Depuis bien des années également, M. Adalbert Hämel, professeur à Würzbourg, promet une édition critique dressée en collaboration avec ses élèves d'après tous les manuscrits connus, mais il n'a encore publié, du moins à ma connaissance, que de brefs articles sur ce sujet[3]; enfin M. Whitehill annonçait en 1935

---

1. V. FRIEDEL, *Études compostellanes*, dans *Otia Merseiana*, t. I, Liverpool, 1899.

2. J. BÉDIER, *op. cit.*, p. 76, n. 3.

3. A. HÄMEL, *Eine neue Pseudoturpin-Hypothese*, dans *Festschrift Eduard Wechssler*, Iéna et Leipzig, 1929, pp. 45-52 ; du même : *Aus dem* Liber Sancti Jacobi *des Kapitelsarchiv von Santiago de Compostela*, dans *Revue Hispanique*, t. LXXXI, New York, 1933 ; du même : *Arnaldus de Monte und der*

qu'il allait faire paraître cette année-là même[1], sous les auspices du *Seminario de Estudios Gallegos* de Saint-Jacques de Compostelle le texte complet du *Codex* conservé au chapitre de la cathédrale et dom Justo Pérez de Urbel[2] faisait part de la collaboration du Père G. Prado, bénédictin de Silos à cette édition; nous ne croyons pas qu'elle ait paru[*].

Devant cette carence universelle, et pour venir en aide aux archéologues et aux érudits qui n'arrivent pas à mettre la main sur l'édition du P. Fita devenue introuvable, je me suis décidée à utiliser les copies que j'avais prises du manuscrit de Compostelle et de celui de Ripoll conservé aujourd'hui aux Archives de la Couronne d'Aragon à Barcelone. Ce n'est pas l'édition critique définitive que j'offre aujourd'hui au public savant; je n'ai pas recherché tous les manuscrits qui peuvent subsister du *Guide du Pèlerin de Saint-Jacques*[3]; je me contente de donner le texte des deux plus anciens manuscrits connus. Le P. Fita s'était cru autorisé à « corriger » l'orthographe du copiste;

Liber sancti Jacobi, dans *Estudis Universitaris Catalans*, t. XXI, (*Homenatge a Antoni Rubió i Lluch*, vol. I), Barcelone, 1936, pp. 147-159.

1. W. M. Whitehill, *The date of the beginning of the Cathedral of Santiago de Compostela*, dans *The Antiquaries Journal*, Londres, 1935, pp. 336-342.

2. Fr. Justo Pérez de Urbel, *Los monjes españoles en la edad media*, t. II, Madrid, 1934, p. 477, n. 2.

3. Des sondages à la Bibliothèque nationale de Paris et à la Bibliothèque vaticane ne m'ont permis de retrouver que quelques chapitres dispersés du *Guide*.

il va sans dire que je l'ai conservée scrupuleusement [1] ; j'ai pu rétablir quelques lectures fautives et réparer quelques omissions de l'édition du P. Fita qui était en somme fort honorable [2].

De plus, j'ai cru bon de joindre au texte une traduction nécessitée par l'ignorance croissante du latin ; sans viser à l'élégance, je l'ai faite la plus littérale possible pour ne pas risquer de trahir l'auteur ; certains passages sont d'une interprétation délicate, je ne me flatte pas d'avoir résolu toutes les difficultés et j'ai dû me borner parfois à proposer une hypothèse sujette à révision et qui ne me satisfait pas toujours moi-même.

A ce sujet, je suis reconnaissante tout particulièrement à M. Élie Lambert, professeur à la Faculté des Lettres de Caen*, et à mon camarade et ami Jean Hubert, archiviste de Seine-et-Marne, qui m'ont aidée l'un et l'autre de leur savoir archéologique et m'ont fourni de précieuses suggestions. J'adresse également un souvenir reconnaissant à Don Jesús Carro, le savant archiviste du chapitre de Saint-Jacques de Compostelle, qui me mit entre les mains le précieux *Codex* et voulut bien guider mes visites dans la cathédrale.

1. Des collations successives et des vérifications constantes d'après les photographies du manuscrit de Compostelle, que je dois à l'obligeance de Georges GAILLARD, professeur à l'Institut français de Barcelone *, m'ont permis, je l'espère, de réduire les fautes au minimum.

2. J'ai cru devoir signaler en note les fautes et omissions les plus notables du P. Fita, car elles ont parfois entraîné les traducteurs et les commentateurs à des explications dénuées de fondement et à des erreurs manifestes.

Le Livre de Saint-Jacques.

La compilation appelée *Liber Sancti Jacobi* [1] ou aussi *Codex Calixtinus* [2], à cause de la lettre apocryphe du pape Calixte II († 1124) qui lui sert de préface [3], comporte dans sa forme la plus complète cinq parties ou livres :

Livre I. C'est une anthologie de pièces liturgiques, offices ou hymnes [4], et de sermons [5] en l'honneur de saint Jacques ; ce livre est le plus long de toute la compilation.

Livre II. Livre des Miracles [6] ; c'est un recueil de miracles obtenus par l'intercession de l'apôtre, notamment au XIIᵉ siècle ; le nombre des miracles et l'ordre suivant lequel ils sont cités, varient selon les manuscrits.

1. BÉDIER a exposé tout ceci dans les *Légendes épiques*, t. III, p. 75 et suiv., et plus récemment MEREDITH-JONES a publié, avec une description minutieuse du manuscrit de Compostelle, les en-têtes de tous les chapitres, dans son *Historia Karoli Magni et Rotholandi...*, Paris, 1936, p. 43 et suiv.*.

2. Le plus souvent les critiques réservent ce nom à l'exemplaire conservé à Compostelle.

3. Cette lettre fantaisiste, dans laquelle le pape prétend être l'auteur de la compilation, a été publiée maintes fois, d'après divers manuscrits ; l'édition la plus récente est celle de MEREDITH-JONES, *op. cit.*, p. 344.

4. Ces hymnes ont été publiées par le P. Guido Maria DREVES dans les *Analecta hymnica medii aevi*, t. XVII, Leipzig, 1894, et plus récemment par Peter WAGNER, *Die Gesänge der Jakobus Liturgie zu Santiago de Compostela*, Fribourg en Suisse, 1931 ; un office de Saint-Jacques a été reproduit par LÓPEZ FERREIRO, *Historia de la santa iglesia...* t. I, p. 412 et suiv.

5. On trouve quelques-uns de ces sermons dans la *Patrologia Latina* de MIGNE, t. CLXIII, col. 1376 et suiv.

6. Le livre des miracles se trouve dans les *Acta Sanctorum*, t. VI de juillet, p. 47-59 ; dans MARIANA, *Bibl. Patr.*, Lyon, t. XX, p. 1278 ; dans MIGNE, *Patr. lat.*, t. CLXIII, col. 1369-1376 ; la version en dialecte galicien fut publiée par AYDILLO, *Os miragres de Santiago*, dans *Revista historica*, 1918.

Livre III. Livre de la Translation [1] qui raconte l'évangélisation de l'Espagne par saint Jacques, le martyre de l'apôtre et la légende de la translation de ses cendres en Galice, là où s'éleva par la suite Compostelle.

Livre IV [2]. Histoire de Charlemagne et de Roland par l'évêque Turpin ; c'est l'histoire légendaire de Charlemagne que l'on désigne communément sous le nom de Pseudo-Turpin ; des cinq livres, c'est celui qui eut la plus grande diffusion [3].

Livre V. C'est le guide à l'usage des pèlerins que nous

1. BÉDIER signale l'édition qui en a été donnée dans le *Catalogus codicum hagiographicorum bibliothecae regis Bruxellensis*, t. I, Bruxelles, 1886, pp. 66-69, et sa réimpression partielle par Paul MEYER, dans la *Romania*, t. XXXI, Paris, 1902, pp. 257-261 ; je n'ai pas connaissance d'édition plus récente *.

2. Dans l'exemplaire conservé à Saint-Jacques de Compostelle, ce livre fut détaché au début du XVIIe siècle et relié à part ; de ce fait, le livre V devint le livre IV, c'est ce qui explique que le Guide du Pèlerin fut édité par le Père Fita comme étant le livre IV du recueil. Voir MEREDITH-JONES, *op. cit.*, p. 47, n. 1.

3. Le dernier éditeur MEREDITH-JONES établit son texte d'après quarante-neuf manuscrits ; il en connaît une centaine. Avant lui, le Pseudo-Turpin fut édité notamment par F. CASTETS, *Historia Karoli Magni et Rotholandi*, Paris, 1880, et par Ward THORON. *Codex quartus sancti Jacobi de expedimento et conversione Yspanie et Gallicie a beato Turpino archiepiscopo*, Boston, 1934 ; des versions françaises du Pseudo-Turpin furent publiées par Fredrik WULFF, *La chronique dite de Turpin publiée d'après les manuscrits de la Bibliothèque nationale [fonds français]*, 1850 et 2137, Lund, 1881, et Rudolf SCHMITT, *Der Pseudo-Turpin Harley 273 ; der Text mit einer Untersuchung der Sprache*, Würzburg, 1933 ; une autre version française a été étudiée par Pius FISCHER, *Die französische Uebersetzung des Pseudo-Turpin nach dem Codex Gallicus 52* (München), Wertheim am Rhein, 1932. La version en dialecte galicien fut éditée par FITA dans le *Boletin de l'Academia de la Historia*, t. VI, Madrid, 1885, pp. 253-288. Pour les éditions plus anciennes, voir la Bibliographie de MEREDITH-JONES, p. 353 *.

éditons ici ; il est destiné à leur donner des conseils pratiques pour leur pieux voyage [1], à leur indiquer les sanctuaires où ils doivent s'arrêter pour vénérer les reliques des saints et enfin à leur faire admirer dans tous ses détails la cathédrale élevée à la gloire de l'apôtre [2].

Telle qu'elle est, cette compilation soulève de nombreux problèmes dans le détail desquels nous n'avons pas l'inten-

1. Dans un article sur *Les voies romaines en Gaule*, dans *Mélanges d'archéologie et d'histoire* publiés par l'*École française de Rome*, Rome et Paris, 1936, p. 11, A. Grenier écrit « certains monastères étaient devenus comme des agences de voyage » ; il aurait pu ajouter que si les pèlerins avaient des agences et des hôtelleries qui étaient les hospices, ils avaient aussi des livres pour leur donner tous les renseignements que nous cherchons aujourd'hui dans les guides.

2. Avant l'édition complète de ce *Guide* par Fita, indiquée plus haut, Zepedano en avait publié les trois derniers chapitres dans son *Historia y descripción... de la basilica compostelana*, Lugo, 1870, pp. 326-349 ; puis López-Ferreiro, dans le t. III de son *Historia de la santa iglesia de Santiago de Compostela*, publie, en appendice, p. 8-24, le chapitre IX ; V. Mortet, *Recueil de textes relatifs à l'histoire de l'architecture...*, Paris, 1911, p. 397-407, reproduit d'après l'édition de Fita tout ce qui intéresse la construction de la cathédrale.

La version en dialecte galicien d'une partie du chapitre IX et du début du XIe est donnée par Villa-Amil y Castro dans sa *Descripción... de la catedral de Santiago*, Lugo, 1866, p. 3-11.

Bonnault d'Houët donne à la fin de son édition du *Pèlerinage d'un paysan Picard à Saint-Jacques de Compostelle...*, Montdidier, 1890, la traduction française de nombreux passages du Guide et notamment la plus grande partie des chapitres VIII, IX, X et XI. A. Lavergne, dans les *Chemins de Saint-Jacques en Gascogne*, Bordeaux, 1887, traduit en français une grande partie de l'itinéraire en France et du chapitre VIII ; l'abbé Nicolas traduit en français également ce qui a trait à saint Gilles et à sa châsse dans son article sur les *Peintures murales et la châsse de saint Gilles...*, Nîmes, 1908, pp. 109-114. Enfin K. J. Conant, dans son livre *The cathedral of Santiago de Compostela*, Cambridge, 1926, traduit en anglais, pp. 49-58, la description de la cathédrale.

tion d'entrer. On a déjà beaucoup discuté autour de la question de son auteur et de celle de sa date ; bien des hypothèses ont été émises que nous n'entendons pas discuter, ni même exposer ; nous nous contenterons de renvoyer le lecteur aux ouvrages qui en traitent, notamment ceux de Dozy [1] et de MM. J. Bédier [2], Mâle, Hämel et au dernier venu, M. Meredith-Jones [*].

Nous dirons seulement que la date du *Liber Sancti Jacobi*, tel qu'il nous est parvenu, paraît devoir se circonscrire aux environs de l'année 1139, date du dernier miracle inséré dans le *Codex Calixtinus* [3] ; elle est antérieure à 1173 qui est l'année où le moine de Ripoll en fit la transcription [4].

Quant aux divers éléments du *Liber*, ils remontent à des époques variées ; les pièces liturgiques, les miracles et la translation colligés vers 1139, sans doute à l'instigation de l'actif archevêque Diego Gelmirez, à qui l'on doit aussi

1. R. DOZY, *Recherches sur l'histoire et la littérature de l'Espagne pendant le moyen âge*, 2 vol. Leyde, 1881 (3e édition) ; voir l'important compte rendu de G. PARIS, dans la *Romania*, t. XI, Paris, 1882, p. 419-426.

2. Après *Les légendes épiques*, déjà citées, BÉDIER est revenu sur la question dans ses *Commentaires sur la Chanson de Roland*, Paris, 1927.

3. Ce miracle n'est d'ailleurs pas ajouté à la suite des autres mais tout à fait à la fin du Codex, ainsi qu'un autre de 1164.

4. Voir Appendice I. M. HÄMEL dans son article sur *Arnaldus de Monte* (v. p. VI, n. 3) a essayé de démontrer que ce manuscrit de Ripoll n'était pas la copie du *Codex Calixtinus* conservé aujourd'hui à Compostelle ; mais ses arguments sont loin d'être probants, notamment ceux qui reposent sur des variantes graphiques ; l'incorrection de ses copies et ses erreurs de références en rendent en outre le contrôle difficile ; d'ailleurs, si l'actuel *Codex Calixtinus* avait un frère en 1173 à Compostelle, ce qui est fort plausible, il s'agissait d'un frère jumeau et cela ne change rien à la question.

probablement l'idée de l'*Historia Compostelana*, ont dû être empruntés en partie à des recueils plus anciens.

Pour le *Pseudo-Turpin*, la question est plus délicate; fut-il rédigé pour faire partie de ce monument élevé à la gloire de saint Jacques, comme le pense M. Bédier, ou n'est-il pas plutôt l'adaptation d'une œuvre plus ancienne comme M. Meredith-Jones nous invite à le croire*?

Quant au *Guide du Pèlerin* lui-même, est-il bien l'œuvre de cet Aimery Picaud de Parthenay-le-Vieux dont il est question dans la fameuse lettre d'Innocent II, qui recommande et authentifie le recueil[1]? De toutes façons, l'auteur du *Guide* est certainement un Français — il parle à plusieurs reprises de *nos gens gallica* — venu de la région poitevine ou saintongeaise; c'était un pèlerin plein de dévotion à l'apôtre saint Jacques, qui voulait faire partager son enthousiasme aux fidèles et les aider de son expérience.

Dans cette œuvre destinée à intensifier le mouvement de pèlerinage vers Compostelle, il faudrait encore discerner quelle fut la part prise par l'ordre de Cluny que signalent MM. Bédier et Mâle*.

Notre but serait atteint si cette modeste édition pouvait aider les chercheurs dans leurs études de plus en plus approfondies sur les problèmes nombreux et divers soulevés par le *Livre de Saint-Jacques*.

---

1. Cette lettre, tout apocryphe qu'elle soit, peut avoir un fond de vérité; le lecteur en trouvera le texte dans les ouvrages cités dans notre Bibliographie, de V. Le Clerc, p. 274, et L. Delisle, p. 4.

PRÉFACE DE LA 5ᵉ ÉDITION

L'intérêt que le public cultivé prend au pèlerinage de Saint-Jacques de Compostelle ne cessant de croître, il a paru utile de publier à nouveau le *Guide du pèlerin* du xiiᵉ siècle.

Je n'ai pas eu de retouches à apporter au texte latin : c'est celui que donne le manuscrit conservé au chapitre de Santiago ; la traduction française a pu être améliorée grâce à diverses suggestions qui m'ont été présentées. Je tiens à remercier notamment MM. J. Dufour, le Dʳ Pétouraud, Puig i Cadafalch, R. Ricard et L. Serbat. J'attache un prix tout particulier aux remarques de M. R. Noiville qui, au temps de sa captivité en Allemagne, revit très attentivement le texte et la traduction qu'il m'aida à corriger en plus d'un point. Je dois beaucoup à l'étude si poussée que le Chanoine David a consacrée au *Liber Sancti Jacobi*. Enfin, je remercie tout particulièrerement mon frère Henri Vielliard et MM. R. de La Coste-Messelière et H. Treuille de leur précieuse collaboration pour l'établissement de la présente édition.

Les notes de la 2ᵉ édition ont été mises entre crochets ; celles qui, trop longues, auraient amené un remaniement de la mise en pages ont été reportées aux pages 147 et 148 ; elles sont annoncées dans le texte par des astérisques.

J'aurais pu signaler un nombre important d'ouvrages ou d'articles se rapportant de près ou de loin au sujet [1], mais, pour être

1. Notamment les articles d'E. Lambert et d'A. de Apraiz ; rappelons en outre la carte si précise des routes du pèlerinage dressée par F. Salet, qui

complet, il eût fallu transformer l'économie du livre ; je me suis bornée à ajouter dans la bibliographie, p. XVII, quelques ouvrages fondamentaux parus depuis la première édition, notamment la thèse de G. Gaillard, l'étude du Chanoine P. David, l'édition White-hill, le travail monumental de MM. Vásquez de Parga, Lacarra et Uría Ríu et, très récemment, l'ouvrage de MM. Barret et Gurgand *Priez pour nous à Compostelle* [1] et celui de M. José Guerra Campos *Bibliografía (1950-1969) Veinte años de Estudios Jacobeos.*

Les années qui ont suivi la parution des précédentes éditions du *Guide* ont vu s'accroître encore la littérature relative au pèlerinage et à ses routes d'accès ; il ne peut être question d'énumérer les articles donnés dans des revues générales ou locales sur telle ou telle région de passage, pas plus que de citer tous les beaux ouvrages illustrés qui évoquent le chemin [2] ; toutefois je ne puis passer sous silence le splendide et savant livre d'Yves Bottineau non plus que le recueil de textes publié à l'occasion de la mémorable exposition qui s'est tenue aux Archives nationales à Paris sur le thème *Pèlerins et chemins de Saint-Jacques* en 1965.

est conservée au Musée des Monuments français et ajoutons encore l'important ouvrage de Marcelin DEFOURNEAUX, *Les Français en Espagne aux XIᵉ et XIIᵉ siècles*, Paris, 1949.

1. Cet ouvrage comporte une bibliographie à jour en 1978, établie par le Centre d'Études compostellanes. (Voir ci-dessous bibliographie).

2. On pourra en trouver l'indication dans la revue *Compostelle* que publie depuis 1957 sous la direction de M. R. de LA COSTE-MESSELIÈRE, la *Société des Amis de Saint-Jacques de Compostelle - Centre d'Études compostellanes* et dans la riche documentation qui est archivée par le Centre.

BIBLIOGRAPHIE SOMMAIRE [1]

BÉDIER (Joseph). — *Les légendes épiques*, t. I à IV, mais surtout t. III, Paris, 1908-1912.

BOISSONNADE (G.). — *Du nouveau sur la chanson de Roland*, Paris, 1923.

BONNAULT D'HOUËT (baron de). — *Pèlerinage d'un paysan picard à Saint-Jacques de Compostelle au commencement du XVIIIe siècle* Montdidier, 1890.

BOTTINEAU (Yves). — *Les chemins de Saint-Jacques*, Grenoble et Paris, 1964.

BOUILLET (A.). — *Sainte-Foy de Conques, Saint-Sernin de Toulouse, Saint-Jacques de Compostelle*, dans *Mémoires de la Société nationale des Antiquaires de France*, t. LIII, Paris, 1893, p. 117-128.

CONANT (Kenneth John). — *The early architectural history of the Cathedral of Santiago de Compostela*, Cambridge, Harvard University Press, 1926.

COTTINEAU (Dom L. H.). — *Répertoire topo-bibliographique des abbayes et prieurés*, Mâcon, 1935-1939, 2 vol.

DAVID (Pierre). — *Études sur le Livre de Saint-Jacques attribué au pape Calixte II. I. Le manuscrit de Compostelle et le manuscrit d'Alcobaça. II. Les livres liturgiques et le livre des miracles. III. Le pseudo-Turpin et le guide du pèlerin. IV. Révision et conclusion.* Lisbonne, 1946-1949 (extrait du *Bulletin des Études portugaises et de l'Institut français au Portugal*).

DELISLE (Léopold). — *Note sur le recueil intitulé* de Miraculis sancti Jacobi, dans *Le Cabinet historique*, t. XXIV, Paris, 1928, p. 1-9.

DESCHAMPS (Paul). — *Notes sur la sculpture romane en Languedoc et dans le nord de l'Espagne*, dans *Bulletin monumental*, t. LXXXII, Paris, 1923, p. 305-351.

---

1. Le lecteur trouvera une bibliographie plus complète à la fin de l'ouvrage cité plus loin de MEREDITH-JONES, p. 353 et suiv.*,

FITA (P. Fidel) et FERNANDEZ-GUERRA. — *Recuerdos de un viaje a Santiago de Galicia*, Madrid, 1880.

FITA (P. F.) et VINSON (J.). — *Le codex de Saint-Jacques de Compostelle* (*Liber de miraculis s. Jacobi*), livre IV, Paris, 1882.

FRIEDEL (Victor). — *Études compostellanes*, dans *Otia Merseiana*, t. I, Liverpool, 1899, p. 75-112.

GAILLARD (Georges). — *Notes sur la date des sculptures de Compostelle et de Leon*, dans *Gazette des Beaux-Arts*, t. I, VIe période, Paris, 1929, p. 341-378.

GAILLARD (Georges). — *Les commencements de l'art roman en Espagne*, dans *Bulletin Hispanique*, t. XXXVII, Bordeaux et Paris, 1935, p. 273-308.

GAILLARD (Georges). — *Les débuts de la sculpture romane espagnole, Leon, Jaca, Compostelle*, Paris, 1938.

GÓMEZ MORENO (Manuel). — *El arte romanico español*, Madrid, 1934.

GUERRA CAMPOS (José). — *Bibliografía (1950-69) Veinte años de estudios jacobeos* dans *Compostellanum*, vol. XVI, n⁰ 1-4, 1971-1972.

Historia Compostelana, dans FLÓREZ, *España sagrada*, t. XX, Madrid, 1765.

KING (Georgiana). — *The ways of Saint James*, 3 vol., New-York, et Londres, 1930.

La COSTE-MESSELIÈRE (René de) [et divers]. — *Pèlerins et chemins de Saint-Jacques en France et en Europe du Xe siècle à nos jours*, Paris, 1965.

LA COSTE-MESSELIÈRE (R. de) et WARCOLLIER (Jeannine). — *Bibliographie* et *Guide bibliographique succinct* dans BARRET (P.) et GURGAND (J.-L.), *Priez pour nous à Compostelle*, Paris, 1978.

LAMBERT (Élie). — *Roncevaux et ses monuments*, dans *Romania*, t. LXI, Paris, 1935, p. 17-54.

LAMPÉREZ Y ROMEA (Vicente). — *Historia de la arquitectura cristiana española en la edad media*, t. I, Madrid, 1908.

LAVERGNE (Adrien). — *Les chemins de Saint-Jacques en Gascogne*, Bordeaux, 1887.

LE CLERC (V.). — *Aimeric Picaudi de Parthenai*. Cantique et itinéraire des pèlerins de Saint-Jacques de Compostelle, dans *Histoire Littéraire*, t. XXI, Paris, 1847, p. 272-292.

LÓPEZ-FERREIRO (Antonio). — *Historia de la santa iglesia de Santiago de Compostela*, t. I-V [1] (surtout t. III). Saint-Jacques de Compostelle, 1898-1902.

MÂLE (Émile). — *L'art religieux du XIIe siècle en France*, Paris, 1922.

MÂLE (Émile). — *L'Espagne arabe et l'art roman*, dans *Art et Artistes du Moyen Age* [2], 1928.

MEREDITH-JONES (C.). — *Historia Karoli magni et Rotholandi ou Chronique du Pseudo-Turpin*, Paris, 1936.

MORTET (Victor). — *Recueil de textes relatifs à l'histoire de l'architecture en France au Moyen Age*, XIe-XIIe siècles, Paris, 1911.

PARDIAC (abbé J.-B.). — *Histoire de Saint-Jacques le Majeur et du pèlerinage de Compostelle*, Bordeaux, 1863.

PERDRIZET (Paul). — *Le calendrier parisien à la fin du moyen âge d'après le bréviaire et les livres d'heures*. Paris, 1933. (*Publications de la Faculté des lettres de l'Université de Strasbourg*, fasc. 63.)

PORTER (Kingsley). — *Romanesque sculpture of the pilgrimage roads*, Boston, 1923.

VÁZQUEZ DE PARGA (Luis), LACARRA (José Mª) et URÍA RÍU (Juan). — *Las peregrinaciones a Santiago de Compostela*, 3 vol., Madrid, 1948-1949.

VORAGINE (Jacques de). — *La légende dorée*, édition Wyzewa, Paris, 1923.

WHITEHILL (Walter Muir). — *The date of the beginning of the cathedral of Santiago de Compostela*, dans *The Antiquaries Journal*, t. XV, Londres, 1935, pp. 336-342.

WHITEHILL (Walter Muir). — *Liber Sancti Jacobi. Codex Calixtinus. I. Texto* [3]. Santiago de Compostela, 1944. (Le second volume donne la reproduction et la transcription des textes musicaux par Dom German Prado ; le troisième volume contient des études par différents auteurs et des tables) [4].

1. Les tomes parus par la suite concernant une époque très postérieure ne nous intéressent plus.

2. A paru d'abord dans la *Revue des Deux Mondes*, 15 novembre 1923.

3. Cette édition a fait l'objet d'une traduction intégrale en castillan par A. MORALEJO, C. TORRES et J. FEO, Santiago de Compostela, 1951.

4. Je signalerai encore l'étude de Jean SECRET, *Saint-Jacques et les chemins de Compostelle*, Paris, 1955, et celle d'Élie LAMBERT, *Le pèlerinage de Compostelle*, Paris-Toulouse, 1958-59.

MANUSCRITS UTILISÉS

C. — *Manuscrit du chapitre de la cathédrale de Saint-Jacques de Compostelle* [1].

Le guide du pèlerin occupe dans ce manuscrit les f^{os} CLIII à CLXXV. Au folio CLII v° se trouvent des miniatures qui se rapportent au Pseudo-Turpin, livre qui précédait le *Guide* et fut détaché pour être relié à part. Le *Guide* ne comporte pas d'illustrations à proprement parler ; au f° CLIII, l'initiale Q du chapitre I est ornée d'un motif décoratif, représentant une chimère ; les autres initiales sont très sobrement ornées ; l'écriture du XIIe siècle est très nette, presque sans ratures ; quelques notes marginales sans intérêt furent ajoutées au XIVe siècle.

R. — *Manuscrit 99 du fonds Ripoll des Archives de la Couronne d'Aragon à Barcelone* [2].

Ce manuscrit est revêtu d'une reliure en parchemin sans caractère, portant au dos : *Epistolas de Calixto II sobre mila-*

1. La description détaillée de ce manuscrit a été souvent donnée, notamment dans les ouvrages cités de FRIEDEL, DREVES et MEREDITH-JONES ; nous ne les répéterons pas et nous nous contentons d'y renvoyer le lecteur.
2. Ce manuscrit a été décrit par Rodolf BEER, *Die Handschriften des Klosters S. M. de Ripoll*, Vienne, 1908, et par le même auteur dans le *Boletin de la real Academia de Buenas Letras de Barcelona*, t. V, p. 332 et suiv.

gros de Santiago R., il compte 86 folios (280 × 183 mm, 26 lignes à la page, titres rubriqués), l'écriture du XIIᵉ siècle est assez soignée. Le livre I (incomplet) va du fᵒ 1 au fᵒ 35 ; le livre II (complet) fᵒ 35-50 vᵒ ; le livre III (complet) fᵒ 50 vᵒ-55 vᵒ ; le livre IV (complet) fᵒ 55 vᵒ-80 ; le livre V, qui est le Guide du Pèlerin (incomplet), va du fᵒ 80 au fᵒ 85 ; il est suivi de la lettre d'Arnaud du Mont que nous publions en appendice.

N.-B. — Nous indiquons avec le sigle *Fita* les variantes notables — et non purement graphiques — de l'édition Fita et Vinson.

TEXTE LATIN

INCIPIT LIBER IIII^{us} SANCTI JACOBI APOSTOLI [a]

Argumentum beati Calixti pape [b].

¶ Si veritas a perito lectore nostris [c] voluminibus requiratur, in hujus codicis serie, amputato esitationis scrupulo, secure intelligatur. Que enim in eo scribuntur, multi adhuc viventes vera esse testantur.

---

a. *Cet* incipit *d'une écriture postérieure fut ajouté lorsque le livre IV (Pseudo-Turpin) fut détaché de l'ensemble ; le manuscrit de Ripoll porte :* Incipit liber Vtus.

TRADUCTION FRANÇAISE

ICI COMMENCE LE IVe LIVRE DE L'APÔTRE SAINT-JACQUES

Argument du bienheureux pape Calixte.

Si le lecteur instruit recherche la vérité dans nos ouvrages, qu'il aborde ce livre sans hésitation ni scrupule, il est assuré de l'y trouver, car le témoignage de bien des gens encore vivants atteste que ce qui y est écrit est vrai.

CHAPITRE PREMIER. — Les chemins de Saint-Jacques.
CHAPITRE II. — Les étapes du chemin de Saint-Jacques.
CHAPITRE III. — Noms des villes et bourgs sur ce chemin.
CHAPITRE IV. — Les trois bonnes demeures de ce monde.
CHAPITRE V. — Noms des routiers de Saint-Jacques.
CHAPITRE VI. — Eaux mauvaises et bonnes sur le chemin.
CHAPITRE VII. — Caractéristiques des pays et des gens sur cette route.
CHAPITRE VIII. — Corps saints à visiter sur la route et passion de saint Eutrope.

———————

b. L'*Argumentum se trouve dans R,* après l'explicit *du livre IV ; la table manque dans R.*
c. in nostris *R.*
d. *Les indications de folios ont été ajoutées quand le livre IV fut détaché ; rectos et versos ne sont pas notés. Ces en-têtes de chapitres qui correspondent pour le sens à ceux qui se trouvent dans le corps de l'ouvrage ne sont pas le plus souvent rédigés dans les mêmes termes.*

CAPITULUM I [a]. — [De viis sancti Jacobi] [b].

¶ Quatuor vie [1] sunt que ad Sanctum Jacobum tendentes, in unum ad Pontem Regine, in horis Yspanie [c], coadunantur ; alia per Sanctum Egidium et Montem Pessulanum et Thosolam et Portus

Fita 3. Asperi tendit ; alia per Sanctam ‖ Mariam Podii et Sanctam Fidem de Conquis et Sanctum Petrum de Moyssaco incedit ; alia per Sanctam Mariam Magdalenam Viziliaci et Sanctum Leonardum Lemovicensem et urbem Petragoricensem pergit ; alia per Sanctum Martinum Turonensem et Sanctum Ylarium Pictavensem et Sanctum Johannem Angeliacensem et Sanctum Eutropium Sancto-

Fol. 1 v⁰. nensem et urbem Burdegalensem vadit. Illa que [d] per Sanctam ‖ Fidem, et alia que per Sanctum Leonardum, et alia que per Sanctum Martinum tendit, ad Hostavallam coadunantur et, transito

a. *Ce chapitre figure en entier dans R.*
b. *Le titre manque dans C et R.*
c. Hispanie *R.*
d. *l'*e *de* que *est cédillé dans C, cette graphie est fréquente mais non constante pour les* e *correspondant à des* ae *du latin classique et pour l'*e *de* ecclesia, *dans C ; elle est très rare dans R.*

1. Les lecteurs qui s'intéressent particulièrement aux itinéraires des pèlerins de Saint-Jacques devront recourir aux ouvrages cités de G. King et de Bonnault d'Houët ; nous rééditons en outre en appendice le voyage à Com-

CHAPITRE PREMIER

Les chemins de Saint-Jacques.

Il y a quatre routes qui, menant à Saint-Jacques, se réunissent en une seule à Puente la Reina [2], en territoire espagnol ; l'une passe par Saint-Gilles [du Gard], Montpellier, Toulouse et le Somport [3] ; une autre par Notre-Dame du Puy [4], Sainte-Foy de Conques et Saint-Pierre de Moissac ; une autre traverse Sainte-Marie-Madeleine de Vézelay, Saint-Léonard en Limousin et la ville de Périgueux ; une autre encore passe par Saint-Martin de Tours, Saint-Hilaire de Poitiers, Saint-Jean d'Angély, Saint-Eutrope de Saintes et la ville de Bordeaux.

La route qui passe par Sainte-Foy [5], celle qui traverse Saint-Léonard et celle qui passe par Saint-Martin [6] se réunissent à Ostabat et après

postelle de Nompar de Caumont en 1417 ; d'autre part, dans son édition de *La Guide des chemins de France de Charles Estienne* [1553], 2 tomes, Paris, 1936 (avec une bibliographie très complète à laquelle nous renvoyons le lecteur), Jean BONNEROT annonçait p. 10, n. 10, qu'il publierait du même auteur *Les voyages de plusieurs endroits de France et encores de la Terre saincte, d'Espaigne, d'Italie et autres pays*.

2. Pour l'identification des noms de lieu, se reporter aux cartes.

3. Le col qui fait communiquer la vallée d'Aspe avec l'Espagne est le Somport. Voir Paul RAYMOND, *Dictionnaire topographique des Basses-Pyrénées*, Paris, 1863. Une nouvelle étude a paru sur ce sujet : V. DUBARAT, *Le Somport de Cize*, Dax, 1934.

4. Noter que le plus souvent les villes de France sont désignées par leur sanctuaire principal ; pour le pèlerin, la ville ne vaut que par le saint.

5. C'est-à-dire Conques en Rouergue (Aveyron).

6. C'est-à-dire Tours.

portu Cisere, ad Pontem Regine sociantur vie que per Portus Asperi transit, et una via exinde usque ad Sanctum Jacobum efficitur.

CAPITULUM II [a]. — DE DIETIS YTINERIS SANCTI JACOBI.
Calixtus papa.

¶ A Portibus Asperi usque ad Pontem Regine, tres pauce habentur diete. Prima est a Borcia que est villa in pede Montis Asperi sita adversus Gasconiam, usque ad Jaccam ; secunda est a Jacca usque ad montem Reellum ; tercia est a monte Reello usque ad Pontem Regine. || A portibus vero Cisereis usque ad Sanctum Jacobum tredecim diete habentur. Prima est a villa Sancti Michaelis que est in pede portuum Cisere, versus scilicet Gasconiam, usque ad Biscaretum et ipsa est parva. Secunda est a Biscareto usque Pampiloniam et ipsa est pauca. Tercia est a Pampilonia urbe usque ad Stellam. Quarta est a Stella usque ad Nageram urbem, scilicet equitibus. Quinta est a Nagera usque ad urbem que dicitur Burgas, similiter equitibus. Sexta est a Burgis usque ad Frumestam. Septima a Frumesta usque ad Sanctum Facundum est. Octava est a Sancto Facundo usque ad urbem Legionem. Nona est a Legione usque ad Raphanellum. Decima est a Raphanello usque ad Villamfrancam, scilicet in bucca Vallis Carceris, transitis portibus Montis Iraci. Undecima est a Villafranca usque ad Triacastellam, transitis portibus montis Februarii ; duodecima est a Triacastella usque ad Palacium. Tredecima [b] vero est a Palacio usque ad Sanctum Jacobum et ipsa modica est. ||

(marginal note:) FITA 4.

a. *Ce chapitre manque dans R.*
b. terdecima *Fita.*

avoir franchi le col de Cize [1], elles rejoignent à Puente la Reina celle qui traverse le Somport ; de là un seul chemin conduit à Saint-Jacques.

CHAPITRE II

Les étapes du chemin de Saint-Jacques.

Calixte pape [2].

Depuis le Somport jusqu'à Puente la Reina il y a trois petites étapes : la première va de Borce, qui est un village situé au pied du Somport, sur le versant gascon, jusqu'à Jacca ; la seconde va depuis Jacca jusqu'à Monreal ; la troisième, de Monreal à Puente la Reina.

Depuis les ports de Cize jusqu'à Saint-Jacques, il y a treize étapes : la première va depuis le village de Saint-Michel qui est au pied des ports de Cize, sur le versant gascon, jusqu'à Viscarret, et cette étape est courte ; la seconde va de Viscarret jusqu'à Pampelune et elle est petite ; la troisième va de la ville de Pampelune à Estella ; la quatrième d'Estella à Najera, se fait à cheval ; la cinquième, de Najera à la ville de Burgos, se fait également à cheval ; la sixième va de Burgos à Fromista ; la septième de Fromista à Sahagun ; la huitième va de Sahagun à la ville de Leon ; la neuvième va de Leon à Rabanal ; la dixième va de Rabanal à Villafranca, à l'embouchure du Valcarce, après avoir franchi les ports du Monte Irago ; la onzième va de Villafranca à Triacastela, en passant par les cols du mont Cebrero [3] ; la douzième va de Triacastela à Palaz de Rey ; quant à la treizième, qui va de Palaz de Rey jusqu'à Saint-Jacques, elle est courte.

1. La vallée de Cize (Saint-Jean-Pied-de-Port) était traversée par la voie romaine de Bordeaux à Astorga qui, le col franchi, redescendait la vallée de Roncevaux sur le versant espagnol. Cf. RAYMOND, *Dict. topogr.* cité.

2. Ceci indique que le chapitre est attribué par le compilateur au pape Calixte.

3. Il y avait à Cebrero un monastère qui dépendait de Saint-Géraud d'Aurillac et aux environs un hospice pour les Anglais. Cf. LÓPEZ-FERREIRO, t. IV, pp. 306-307.

Fita 5. CAPITULUM III^a. — De nominibus villarum itineris Sancti Jacobi.

¶ A Portibus Asperi usque ad Pontem Regine, he ville in via Jacobitana habentur : primitus est in pede montis, versus Gasconiam, Borcia ; inde transito montis cacumine est hospitalis Sancte Cristine, inde Camfrancus, inde Jacca, inde Osturit ^b, inde Termas ubi regales balnei jugiter calidi habentur, inde Mons Reellus, inde Pons Regine constat. A portibus vero Cisereis in Beati Jacobi ytinere usque ad ejus basilicam gallecianam, he ville

Fol. 2 majo- ‖ -res habentur : primitus in pede ejusdem montis Ciserei
(CLIV) versus scilicet Gasconiam, est villa S. Michaelis, Deinde transito cacumine ejusdem montis, repperitur hospitale Rotolandi, deinde villa Runcievallis ; deinde repperitur Biscarellus, inde Ressogna, inde urbs Pampilonia, inde Pons Regine ; inde Stella que pane bono et obtimo vino et ^c carne et piscibus fertilis est, cunctisque felicitatibus plena. Inde est Arcus, inde Grugnus, inde Villa Rubea, inde urbs Nagera, inde Sanctus Dominicus, inde Radicellas, inde

Fita 6. Belfuratus, inde Francavilla, inde ‖ Nemus Oque, inde Altaporca, inde urbs Burgas, inde Alterdallia, inde Furnellos, inde Castra Sorecia, inde Pons Fiterie, inde Frumesta ; inde Karrionus que est villa abilis et obtima, pane et vino et ^d carne et omni fertilitate felix ; inde est Sanctus Facundus, omnibus felicitatibus affluens, ubi est pratum in quo ^e haste fulgorantes victorum pugna-

a. *Ce chapitre manque dans R.*
b. Osturiz *Fita.*
c. *Om. Fita.*
d. *Om. Fita.*
e. ubi *Fita.*

CHAPITRE III

Noms des villes et bourgs [1] sur le chemin de Saint-Jacques.

Depuis le Somport jusqu'à Puente la Reina, voici les villes et les bourgs qui se trouvent sur la route de Saint-Jacques : il y a d'abord au pied de la montagne, sur le versant gascon, Borce ; puis, après avoir franchi la crête du mont, on trouve l'hospice de Sainte-Christine [2], puis Canfranc ensuite Jacca, puis Osturit, Tiermas où il y a des bains royaux dont les eaux sont toujours chaudes, puis Monreal ; enfin on atteint Puente la Reina.

Depuis les ports de Cize, voici les bourgs les plus importants qu'on rencontre sur le chemin de Saint-Jacques jusqu'à la basilique de Galice : d'abord, au pied même du mont de Cize, sur le versant gascon, il y a le bourg de Saint-Michel ; ensuite, après avoir franchi la crête de ce mont, on atteint l'hospice de Roland [3], puis la ville de Roncevaux ; on trouve ensuite Viscarret, puis Larrasoaña, puis la ville de Pampelune, puis Puente la Reina, puis Estella où le pain est bon, le vin excellent, la viande et le poisson abondants et qui regorge de toutes délices. On passe ensuite par los Arcos, Logroño, Villaroya, puis on trouve la ville de Najera, Santo Domingo [de la Calzada], Redecilla [del Camino] [4], Belorado, Villafranca, la forêt d'Oca, Atapuerca, la ville de Burgos, Tardajos, Hornillos del Camino, Castrogeriz, le pont d'Itera [del Castillo], Fromista, Carrion, qui est une ville industrieuse et prospère, riche en pain, en vin, en viande et en toutes sortes de choses ; puis il y a Sahagun, où règne la prospérité ; là est un pré où, dit-on, les lances étincelantes des guerriers victorieux, plantées là pour glorifier Dieu, se mirent autre-

---

1. Le mot *villa* s'applique à la fois aux villes et aux gros villages ; le mot *urbs* étant réservé aux villes importantes.

2. Cet hospice était sur le versant espagnol. Cf. Raymond, *Dict. topogr.* s. v. Somport.

3. Voir à ce sujet Elie Lambert, *Roncevaux et ses monuments*, dans *Romania*, 1935, t. 61, p. 17-54. — P. Boissonnade, *Du nouveau sur la chanson de Roland*, Paris, 1923, p. 136 sq.

4. Ce qualificatif *del camino* rappelle que ces villes sont sur le chemin de Saint-Jacques.

torum ad Domini laudem infixe olim fronduisse referuntur. Inde est Manxilla ; inde Legio, urbs regalis et curialis, cunctisque felicitatibus plena. Inde est Orbega, inde urbs Osturga, inde Rapha-nellus quı captivus cognominatus est, inde Portus Montis Yraci, inde Siccamolina, inde Pons Ferratus, inde Carcavellus, inde Villa-franca de Bucca Vallis Carceris, inde castrum Sarracenicum, inde Villaus, inde portus Montis Februarii, inde hospitale in cacumine jusdem montis, inde Linar de Rege, inde Triacastella, in pede scilicet ejusdem montis in Gallecia, ubi peregrini accipiunt petram FITA 7. et secum deferunt ‖ usque ad Castaniollam ad faciendam calcem ad hopus basilice apostolice. Inde est villa S. Michaelis, inde Bar-badellus, inde Pons Minee, inde Sala Regine, inde Palacium Regis, inde Campus Levurarius, inde Sanctus Jacobus de Boento, inde Castaniolla, ınde Villanova, inde Ferreras, inde Compostella apos-tolica urbs excellentissima, cunctis deliciis plenissima, corporale talentum beati Jacobi habens in custodia, unde felicior et excelsior cunctis Yspanie urbibus est approbata. Idcirco has villas et pre-fatas dietas perscriptione [a] restrinxi ut peregrini ad Sanctum Jaco-Fol. 2 v°. bum proficiscentes ‖ expensas itineri suo necessarias sibi, hec audientes, premeditari studeant.

a. praescriptione restrinxi pro exceptione ut *Fita*..

1. Cette légende est racontée avec détails dans le Pseudo-Turpin ; voir MEREDITH-JONES, p. 108 sq ; elle est rappelée plus loin par le compilateur du *Guide*, p. 83.

2. Les Sarrasins ont laissé leur souvenir dans la toponymie espagnole ; de ce « camp » il ne reste pas de traces. G. KING, *The ways of Saint-James*, t. II, p. 386, croit en avoir retrouvé l'emplacement.

Pl. I.

CODEX CALIXTINUS (XIIᵉ s.) INCIPIT DU GUIDE.

fois à verdoyer [1]. Puis il y a Mansilla et la ville de Leon, résidence du
roi et des cours, pleine de toutes sortes de félicités. Ensuite c'est Orbigo,
puis la ville d'Astorga, puis Rabanal [del Camino] surnommé le Captif,
puis Puerto Irago, Molina Seca, puis Ponferrada, Cacabelos, Villafranca
sur la bouche du Valcarce, puis le camp des Sarrasins [2], Villa Us [3], le col
du mont Cebrero et l'hospice au sommet de ce mont, puis Linarès, puis
Triacastela au pied de ce mont, en Galice, là où les pèlerins reçoivent
une pierre qu'ils emportent avec eux jusqu'à Castañola [4] pour faire de
la chaux qui servira à la construction de la basilique apostolique. Puis
c'est le bourg de San Miguel, puis Barbadelo, puis le pont sur le Miño,
[Puerto Marin], puis Sala Regina, Palaz de Rey, Leboreiro, puis Saint-
Jacques de Boente, Castañola, Villanova, Ferreiros, enfin Compostelle,
la très excellente ville de l'apôtre, pleine de toutes délices, qui a la
garde du précieux corps de saint Jacques et qui est reconnue pour cela
comme étant la plus heureuse et la plus noble de toutes les villes d'Espagne.

Et si j'ai énuméré rapidement les dites villes et étapes, c'est afin que
les pèlerins qui partent pour Saint-Jacques puissent, étant ainsi infor-
més, prévoir les dépenses auxquelles leur voyage les entraînera.

3. FITA indique qu'il s'agit de Villa Urz, localité que BÉDIER n'a pas
identifiée et qui reste inconnue.

4. BÉDIER n'identifie pas *Castañola*, ville désignée par le paysan picard
sous la forme francisée de *Castagnere* que BONNAULT D'HOUËT traduit *Castañeda*, p. 70. LÓPEZ-FERREIRO, III, 27, y reconnaît Santa Maria de Castañeda
près Arzua ; par contre G. KING, *The ways of Saint-James*, t. II, p. 482,
dit être passée à *Castañola* où l'on disait la messe dans une église sans intérêt.
— Près de Triacastela, il y avait des carrières de pierre à chaux et l'on en
manque aux abords de Santiago. Chaque pèlerin emportait une pierre [à
chaux] jusqu'à Castañeda où étaient les fours ; la chaux obtenue était
ensuite transportée par des chariots à Compostelle. LÓPEZ-FERREIRO rappelle
à ce sujet qu'à Saint-Pierre-sur-Dive les matériaux furent ainsi apportés
par les pèlerins. MIGNE, *Patr. Lat.*, CLXXXI, col. 1707.

CAPITULUM IIII[a]. — DE TRIBUS HOSPITALIBUS COSMI.

❡ Tres columnas valde necessarias ad sustinendos pauperes suos maxime Dominus in hoc mundo instituit : hospitale scilicet Jherusalem et hospitale Montis Jocci et hospitale Sancte Xpistine quod est in Portibus Asperi. Hec sunt hospitalia in locis necessariis posita, loca sancta, domus Dei, refectio sanctorum peregrinorum, requies egentium [b], consolacio infirmorum, salus mortuorum, subsidium [c] vivorum. Hec igitur loca sacrosancta quicumque edificaverit, procul dubio regnum Dei possidebit. ‖

FITA 8.   ## CAPITULUM V [d]. — DE NOMINIBUS QUORUMDAM QUI BEATI JACOBI VIAM REFECERUNT. *Aymericus.*

❡ Hec sunt nomina quorumdam viatorum qui temporibus Didaci archiepiscopi Jacobite et Adefonsi imperatoris Yspanie et Gal-

a. *Ce chapitre figure en entier dans R.*
b. egentum *C.*
c. *Une erreur de ponctuation de Fita (virgule entre* sanctorum *et* peregrinorum*) l'entraîne à rétablir inutilement ici :* [pariter ac].
d. *Ce chapitre manque dans R.*

---

1. A. LAVERGNE. *Les chemins de Saint-Jacques en Gascogne*, Bordeaux, 1887, traduit « l'hôpital de Montjoie à Compostelle » ; il y a en effet là-bas un *Mons-Gaudii*, mais il s'agit ici sans aucun doute de l'hospice fondé par saint Bernard de Menthon dans la 2ᵉ moitié du Xᵉ siècle sur le mont Joux pour venir en aide aux pèlerins de Rome qui franchissaient les Alpes ; les

Pl. II.

PRINCIPALES ÉTAPES EN FRANCE
ET SANCTUAIRES À VISITER
PAR LES PÈLERINS

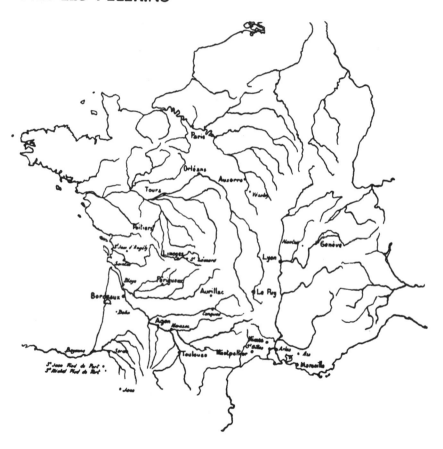

CHAPITRE IV

LES TROIS GRANDS HOSPICES DU MONDE.

Trois colonnes nécessaires entre toutes au soutien de ses pauvres ont été établies par Dieu en ce monde : l'hospice de Jérusalem, l'hospice du Mont-Joux [1] [Grand Saint-Bernard] et l'hospice de Sainte-Christine [2] sur le Somport. Ces hospices ont été installés à des emplacements où ils étaient nécessaires ; ce sont des lieux sacrés, des maisons de Dieu pour le réconfort des saints pèlerins, le repos des indigents, la consolation des malades, le salut des morts, l'aide aux vivants [3].

Ceux qui auront édifié ces saintes maisons posséderont, sans nul doute, quels qu'ils soient, le royaume de Dieu.

CHAPITRE V

NOMS DE QUELQUES PERSONNAGES QUI ONT TRAVAILLÉ À LA RÉFECTION DU CHEMIN DE SAINT-JACQUES.

Aimery [4]

Voici les noms de quelques routiers [5] qui, au temps de Diego [6], arche-

trois hospices cités correspondent chacun à un des grands pèlerinages de la chrétienté : Jérusalem, Rome et Saint-Jacques.

2. L'hospice de Sainte-Christine était plus ancien que celui de Roncevaux qui paraît l'avoir supplanté par la suite.

3. Cf. BÉDIER, *Légendes épiques*, III, 295.

4. Ce chapitre est donc attribué à Aimery, chancelier du pape Calixte.

5. *Viator* ne se trouve nulle part employé dans le sens de *voyer* (agent qui s'occupe de l'entretien des routes). Cf. Du Cange, s. v. Nous traduisons par routier plutôt que par voyageur, car ce mot exprime davantage celui d'« habitué à parcourir les routes » et par suite enclin à s'occuper de leur réfection.

6. Diego Gelmirez, évêque, puis archevêque de Compostelle, † 1139.

lecie et Calixti pape, viam Sancti Jacobi a Raphanello usque ad Pontem Minee, pio amore Dei et apostoli, citra annum dominicum MCXX, regnante Adefonso rege Aragoni et Lodovico pinguissimo, rege Galliorum [a], refecerunt : Andreas, Rotgerius, Alvitus, Fortus, Arnaldus, Stephanus, Petrus qui pontem Minee a regina Hurraca confractum refecit. Istorum adjutorumque suorum anime requiescant in pace sempiterna [b].

CAPITULUM VI [c]. — DE FLUMINIBUS BONIS ET MALIS QUI [IN] ITINERE SANCTI JACOBI HABENTUR. *Calixtus papa.*

¶ Hec sunt flumina que a portibus Cisere et Asperi usque ad Sanctum Jacobum habentur. De portibus Asperi procedit sanum flumen, nomine Aragonus, quod Yspaniam irrigat. De portibus vero Cisereis flumen sanum egreditur quod a multis Runa dicitur et decurrit Pampiloniam. Ad Pontem Regine decurrit [d] Arga simul et Runa [e]. Ad locum qui dicitur Lorca [f] in orientali parte decurrit flumen quod dicitur Rivus Salatus ; ibi os et [g] equum tuum observa

FITA 9. ne bibant [h], quia flumen leti- ‖ ferum est. Super cujus ripam nos ad Sanctum Jacobum pergentes, invenimus duos Navarros sedentes, artavos suos acuentes, solitos excoriare peregrinorum jumenta que

a. Galliarum *Fita.*

b. *Om. Fita.*

c. *Ce chapitre ne figure qu'en partie dans R, sous l'intitulé* : De fluminibus malis que in itinere S. Jacobi habentur. Calixtus papa ; *il débute ainsi :* Hec sunt flumina letifera que habentur in itinere Sancti Jacobi ad locum qui dicitur Lorcha... *la suite reproduit C.*

d. decurrunt *Fita.*

e. *Tout ce qui précède manque dans R.*

f. Lorcha *R.*

g. *Om. Fita.*

h. *Fita omet* ne bibant.

vêque de Saint-Jacques, et d'Alfonse [1], empereur d'Espagne et de Galice et du pape Calixte, ont refait la route de Saint-Jacques, depuis
Rabanal jusqu'au pont sur le Miño, pour l'amour de Dieu et de Saint-
Jacques, avant l'année 1120, sous le règne d'Alfonse [Ier], roi d'Aragon
et de Louis [VI] le Gros [2], roi de France : André, Roger, Avit, Fortus,
Arnault, Étienne, Pierre [3] qui reconstruisit le pont sur le Miño démoli
par la reine Urraca.

Que l'âme de ces hommes et celles de leurs collaborateurs reposent en
paix éternellement !

CHAPITRE VI

FLEUVES BONS ET MAUVAIS QUE L'ON RENCONTRE
SUR LE CHEMIN DE SAINT-JACQUES.

Calixte pape.

Voici les fleuves que l'on rencontre depuis le port de Cize et le Somport
jusqu'à Saint-Jacques : du Somport descend un fleuve salubre du nom
d'Aragon qui irrigue l'Espagne ; du port de Cize jaillit un fleuve sain que
beaucoup appellent la Runa et qui traverse Pampelune. A Puente la
Reina coulent à la fois l'Arga et la Runa ; en un lieu dit Lorca, vers
l'est, coule un fleuve appelé le ruisseau salé ; là, garde-toi bien d'en
approcher ta bouche ou d'y abreuver ton cheval, car ce fleuve donne
la mort. Sur ses bords, tandis que nous allions à Saint-Jacques, nous
trouvâmes deux Navarrais assis, aiguisant leurs couteaux : ils ont l'habitude d'enlever la peau des montures des pèlerins qui boivent cette

---

1. Alfonse VII, roi d'Aragon et de Navarre en 1104, de Castille et de Leon
en 1109, † 1134, il est dit Alfonse Ier comme roi d'Aragon.

2. Louis VI (1108-1137).

3. Le 15 octobre 1126, Alfonse VII concède à ce Pierre, dit Peregrinus,
un privilège, en reconnaissance des services rendus du fait de la reconstruction
du pont de Puerto Marin sur le Miño, LÓPEZ-FERREIRO, IV, p. 75 et 306.

limpham illam bibebant et moriebantur. Qui nobis interrogantibus mencientes dixerunt quia sana era ad po- ‖ tandum. Quapropter equis nostris illam dedimus ad bibendum et statim duo ex his obierunt, quos ilico ipsi excoriaverunt. Ad Stellam decurrit Aiega ; ipsa est limpha dulcis, sana et obtima ᵃ. Per villam que dicitur Arcus decurrit aqua letifera, et ultra Arcum ad primum hospitale, inter ᵇ Arcum scilicet et hospitale idem ᶜ, decurrit aqua letifera jumentis et hominibus ᵈ bibentibus eam. Ad villam que dicitur Turres, in terra ᵉ scilicet Navarrorum, decurrit flumen letiferum jumentis et hominibus bibentibus illud. Inde ad villam que dicitur Covas, flumen defluit mortiferum similiter ᶠ. Ad Grugnum ᵍ decurrit ingens aqua, nomine Ebra, que est sana et piscibus habundat. Omnes fluvii qui a Stella usque ad Grugnum habentur, letiferi ad bibendum hominibus et jumentis et pisces eorum ad commedendum approbantur. Si piscem qui vulgo dicitur *barbus*, sive illum quem Pictavi vocant *alosam* et Ytali *clipiam*, sive anguillam sive tencam, in Yspania et Gallecia nusquam commederis, sine dubio aut proxime morieris aut egrotaveris. Et si aliquis forte commedit et non egrotavit, idcirco quia aut aliis sanior fuit aut in illa patria diu permansit. Omnes igitur pisces et carnes vaccine et suille tocius

Yspanie et Gallecie barbaris egritudines prestant. ‖ Illa vero flumina que dulcia et sana habentur ad bibendum, his nominibus vulgaliter nuncupatur : Pisorgua, aqua scilicet que decurrit ad Pontem Fiterie, Karriona que currit ʰ ad Karrionum, Ceya que ad Sanctum Facundum, Aisela ad Maxillam, Porma ad quendam ingentem pontem qui est inter Maxillam et Legionem, Turio que

a. ad Stellam... sana et obtima *manque dans R.*
b. intra *Fita.*
c. idem *ajouté dans un grand blanc qui avait été laissé dans C.*
d. *R omet* jumentis et hominibus.
e. intra *Fita* ; in terra *R* ; int'rā C.
f. *Om. Fita.*

eau et en meurent. A notre question ils répondirent de façon menson-
gère, disant que cette eau était bonne et potable ; nous en donnâmes
donc à boire à nos chevaux et aussitôt deux d'entre eux moururent, que
ces gens écorchèrent sur-le-champ.

A Estella, coule le rio Ega dont l'eau est douce, saine et excellente. Le
bourg qu'on appelle los Arcos est traversé par une rivière dont l'eau
donne la mort ; et au-delà de los Arcos, auprès du premier hospice, à
savoir entre los Arcos et cet hospice, coule une eau funeste aux chevaux
et aux hommes qui la boivent. Auprès d'un village appelé Turres, en
territoire navarrais, coule un fleuve qui donne la mort aux chevaux
et aux hommes qui en boivent l'eau. De là, jusqu'à un village appelé
Covas, coule de même une rivière aux eaux malsaines.

A Logroño, passe un grand fleuve du nom d'Èbre dont l'eau est bonne
et qui abonde en poissons. Tous les fleuves que l'on rencontre depuis
Estella jusqu'à Logroño ont une eau dangereuse à boire pour les hommes
et les chevaux, et leurs poissons sont funestes à ceux qui les mangent. Que
ce soit le poisson qu'on appelle vulgairement barbeau ou celui que les
Poitevins nomment « alose » et les Italiens « clipia » ou l'anguille ou la
tanche, nulle part en Espagne, ni en Galice, tu n'en dois manger, car,
sans aucun doute, ou bien tu mourrais peu après, ou tu tomberais malade.
Si quelqu'un par hasard en mange et n'est pas malade, c'est qu'il a
plus de santé que les autres ou bien c'est qu'il est acclimaté par un long
séjour dans ce pays. Tous les poissons et les viandes de bœuf et de
porc de toute l'Espagne et de la Galice donnent des maladies aux
étrangers.

Quant aux fleuves dont les eaux sont douces et saines à boire, voici
comment on les appelle communément : le Pisuerga qui passe au pont
d'Itera del Castillo, le Carrion qui arrose Carrion de los Condes, le Cea qui
passe à Sahagun, l'Esla à Mansilla, le Porma que franchit un grand pont
entre Mansilla et Leon, le Torio qui coule à Leon au-dessous du camp des

---

g. *Depuis ces mots, toute la fin de ce chapitre manque dans R, remplacée par
ces lignes* :

  Omnes fluvii qui a Stella usque ad Grugnum habentur, letiferi ad bibendum hominibus et jumentis et pisces eorum ad commedendum approbantur. De bonis fluminibus non curam habeo.

  h. decurrit *Fita*.

decurrit ad Legionem sub castrum Judeorum, Bernesgua que juxta eandem urbem ex alia parte, adversus scilicet Austurgam defluit, Sil que ad Pontem Ferratum in valle viridi [a], Cua que ad Carcavellum, Burdua que decurrit as Pontem Villefrance, Carcera que decurrit in valle Carceris, Minea que defluit ad pontem Minee, fluvius quidam qui distat ab urbe Sancti Jacobi duobus miliariis in nemoroso loco, qui Lavamentula dicitur, idcirco quia in eo gens Gallica peregina ad Sanctum Jacobum tendens, non solum men-

Fol. 3 v°. tulas suas ‖ verum etiam tocius corporis sui sordes, apostoli amore lavari [b] solet, vestimentis suis expoliata. Sar fluvius qui inter montem Gaudii et urbem Sancti Jacobi decurrit, sanus habetur ; Sarela [c] fluvius similiter qui ex alia parte urbis versus ocasum defluit, sanus esse dicitur [d]. Idcirco hec flumina sic des-

Fita 11. cripsi ut peregrini ad ‖ Sanctum Jacobum proficiscentes evitare studeant ad bibendum que sunt letifera et eligere valeant que sunt sana sibi et jumentis [e].

CAPITULUM VII [f]. — De nominibus terrarum et quali-
tatibus gencium que in ytinere Sancti Jacobi habentur.

¶ In Beati Jacobi viatico, via scilicet Tolosana, primitus, transito flumine Garona [g], invenitur tellus Gasconica ; et exinde, transitis portibus Asperi, terra Aragoni, et inde Navarrorum tellus usque ad Pontem Arge et ultra. Per tramitem vero portuum Cysere post Turonicam, invenitur abilis et obtima et omni felicitate plena

a. Valleviridi. *Fita.*
b. *Fita corr. en* lavare.
c. *Le passage* Sarela... esse dicitur *ajouté de la même main en marge dans C.*
d. habetur *Fita.*
e. *Fita remplace* et jumentis *par* ab bibendum.
f. *Ce chapitre avec le même titre, figure partiellement dans R.*
g. Garonna *R.*

Juifs, le Bernesgua qui passe auprès de la même ville, de l'autre côté, c'est-à-dire vers Astorga ; le Sil, qui arrose Ponferrada dans une vallée verdoyante, le Cua qui passe à Cacabelos, le Burbia qui passe au pont de Villafranca, le Carcera qui coule dans le Valcarce, le Miño qui traverse Pont du Miño [Puerto-Marin] et un certain fleuve qui arrose à deux milles de la ville de Saint-Jacques, un endroit boisé et qu'on appelle Lava-Mentula [1], parce que là, les pèlerins de France allant à Saint-Jacques ont coutume, par amour de l'apôtre, de s'y laver non seulement partiellement [2], mais aussi d'y purifier leurs corps tout entier de ses souillures, après s'être dépouillés de leurs vêtements. Le fleuve du Sar qui coule entre le Mont de la Joie [3] et la ville de Saint-Jacques, est tenu pour sain ; de même, le Sarela qui coule de l'autre côté de la ville vers l'Occident est réputé également comme sain.

Si j'ai décrit ces fleuves, c'est pour que les pèlerins allant à Saint-Jacques se gardent soigneusement de boire les eaux malsaines et puissent choisir celles qui sont bonnes pour eux et pour leurs montures.

CHAPITRE VII

Noms des contrées que traverse le chemin de Saint-Jacques et caractères de leurs habitants.

En allant à Saint-Jacques par la route de Toulouse, après avoir traversé d'abord la Garonne, on trouve le pays gascon et ensuite, après avoir franchi le col du Somport, l'Aragon, puis la Navarre jusqu'au port sur l'Arga et au delà. Mais si l'on prend la route des ports de Cize, après Tours, l'on trouve le pays poitevin, fertile, excellent et plein de toutes félicités. Les Poitevins sont des gens vigoureux et de bons guerriers,

---

1. Il est dit ailleurs *Lava colla* (Cf. López-Ferreiro, t. V, p. 92), ce qui semble être un autre jeu de mots scabreux.

2. Notre traduction un peu large nous paraît préférable à celle de Bonnault d'Houët, p. 174, qui dit : « les pèlerins français ont coutume de s'y laver la figure... » (contresens ou euphémisme ?).

3. Monte del Gozo ou en galicien Monxoy. Cf. López-Ferreiro, t. V, p. 92.

tellus Pictavorum. Pictavi [a] sunt heroes fortes et viri bellatores, arcubus et sagittis et lanceis in bello doctissimi, in acie freti, in cursibus velocissimi, in veste venusti, in facie preclari, in verbis astuti, in premiis largissimi, in hospitibus prodigi. Inde tellus Sanctonensium invenitur ; inde transito quodam maris brachio et flumine Garona, Burdegalensium tellus que vino obtimo et piscibus fertilis, sed lingua rustica habetur. Sanctonenses lingua rustici [b] habentur, sed Burdegalenses rusticiores approbantur. Inde Burdegalenses [c] lande itinere dierum trium, fessis scilicet, invenitur. Ipsa est tellus omni bono desolata, pane, vino, carne, piscibus, aquis et fontibus vacua, villis rara, plana, sabulosa, melle

FITA 12. tamen [d] et milio et panicio et grugnis [e] ‖ larga. Tu autem si in estate forte per eam transieris, faciem tuam studiose custodi a muscis immanissimis que *guespe* [f] vel *tavones* vulgo dicuntur, que maxime ibi habundant. Et nisi diligenter pedem observaveris, in arena marina que ibi habundat [g] usque ad genua velociter lapsus fueris. Transito vero hoc solo, invenitur terra Gasconica [h], candido pane et obtimo vino rubicundo larga, memoribus et pratis, fluminibusque fontibus sanis apta. Gasconi sunt levilogi, verbosi, derisores, libidinosi, ebriosi, cibis prodigi, male induti pannis et

**Fol. 4
(CLVI)** gazis ‖ devastati, bellis tamen assueti, sed hospitalitate pauperum precipui. Circa ignem sedentes, sine mensa commedere et cum uno cypho omnes bibere [i] utuntur. Largiter commedunt et bibunt

a. *La phrase* Pictavi... prodigi *manque dans R.*

b. rustica *Fita* ; rustici *C et R.*

c. Burdegalenses *corr. en* Burdegalensis *R.*

d. tantum *R*, tãm *C.*

e. gruguis *C* ; gruibus *R.*

f. vespe *R.*

g. abundant *Fita.*

h. *Le copiste de R s'arrête ici, ajoute* et terra Basclorum *et ne reprend que plus loin* (p. 24) [in] via sancti Jacobi.

i. libere *Fita.*

habiles au maniement des arcs, des flèches et des lances à la guerre, courageux sur le front de bataille, très rapides à la course, élégants dans leur façon de se vêtir, beaux de visage, spirituels, très généreux, larges dans l'hospitalité. Puis on trouve le pays saintongeais ; de là, après avoir traversé un bras de mer et la Garonne, on arrive dans le Bordelais où le vin est excellent, le poisson abondant, mais le langage rude. Les Saintongeais ont déjà un parler rude, mais celui des Bordelais l'est davantage. Puis, pour traverser les Landes bordelaises, il faut trois jours de marche à des gens déjà fatigués.

C'est un pays désolé, où l'on manque de tout ; il n'y a ni pain, ni vin, ni viande, ni poisson, ni eau, ni sources ; les villages sont rares dans cette plaine sablonneuse qui abonde cependant en miel, millet, panic [1] et en porcs [2].

Si par hasard, tu traverses les Landes en été, prends soin de préserver ton visage des mouches énormes qui foisonnent surtout là-bas et qu'on appelle guêpes ou taons [3] ; et si tu ne regardes pas tes pieds avec précaution, tu t'enfonceras rapidement jusqu'au genou dans le sable marin qui là-bas est envahissant.

Après avoir traversé ce pays, on trouve la Gascogne, riche en pain blanc et en excellent vin rouge, elle est couverte de bois et de prés, de rivières et de sources pures. Les Gascons sont légers en paroles [4], bavards, moqueurs, débauchés, ivrognes, gourmands, mal vêtus de haillons et dépourvus d'argent ; pourtant, ils sont entraînés aux combats et remarquables par leur hospitalité envers les pauvres. Assis autour du feu, ils ont l'habitude de manger sans table et de boire tous au même gobelet.

---

1. Sorte de millet.

2. Fita traduit *grugnis* par *porcs à bois* [= sauvages] ; ce mot qui ne se trouve pas ailleurs et qui se rapproche du verbe *grunnio* (grogner en parlant des porcs) d'où dérive en bas-latin *gruinum* (groin), n'a pas été compris par le moine de Ripoll qui y a substitué *gruibus*, grues. Du Cange cite également le sens de grain de blé pour *gruinum* mais avec une acception spéciale : grain tombé sur l'aire ; ce sens ne convient pas ici.

3. La forme classique qui se trouve dans Pline est *tabanus*.

4. *Leviloquus* est un néologisme d'ailleurs facile à comprendre.

et male vestiuntur, et turpe subpositis paucis paleis, in putredine
scilicet, familia cum domino et domina, omnes una recumbunt. ¶ In
hujus terre exitu, via scilicet Sancti Jacobi, habentur duo fluvii
qui prope villam Sancti Johannis Sordue, alter scilicet ad dexteram
et alter ad levam fluunt, quorum unus dicitur *gaver* et alter *flumen*
qui sine rate nullo modo transmeari possunt [a], quorum naute
penitus dampnantur. Cum enim flumina illa admodum stricta
sint, tamen de unoquoque homine tam de paupere quam de divite
quem ultra navigant, unum nummum more accipiunt, et de jumento
quatuor, vi etiam indigne capiunt. Est etiam navis illorum modica,
unius arboris facta, equos minime recipiens, quam cum intraveris
te ipsum caute custodi, ne forte in aquam cadas. Oportebit enim
equum tuum per frenum trahere post te, extra navim, per pela-
FITA 13. gum. Quapropter cum paucis ingre- ‖ dere navim, quia si nimis
honerata fuerit, cito periclitabitur. Multociens etiam tantam peregrinorum turmam naute, accepto precio, intromittunt [b], quod
navis subvertitur et peregrini in pelago necantur. Unde naute
nequiter gaudent, captis mortuorum spoliis. ¶ Inde circa Portus
Cisereos habetur tellus Basclorum, habens urbem Baionam in maritima versus VII^m trionem. Hec terra lingua barbara habetur,
nemorosa, montuosa, pane et vino omnibusque corporalibus ali-
mentis desolata, excepto quia malis [c] et sicera [d] et lacte est consolata.
In hac terra, mali portageri habentur — scilicet circa Portus
Cisereos, [e] villa que dicitur Hostavalla et villa Sancti Johannis

a. possit *Fita.*
b. admittunt *Fita.*
c. malo *Fita.*
d. cicera *Fita.*
e. *Fita ajoute* [in].

1. Saint-Jean de Sorde, aujourd'hui Sorde, commune des Landes, se
trouve sur la rive droite du gave d'Oloron, non loin de son embouchure dans

Ils mangent beaucoup, boivent sec et sont mal vêtus ; ils n'ont pas honte de coucher tous ensemble sur une mince litière de paille pourrie, les serviteurs avec le maître et la maîtresse.

En sortant de ce pays, le chemin de Saint-Jacques croise deux fleuves qui coulent près du village de Saint-Jean de Sorde [1], l'un à droite, l'autre à gauche ; l'un s'appelle gave, l'autre, fleuve ; il est impossible de les traverser autrement qu'en barque. Maudits soient leurs bateliers ! En effet, quoique ces fleuves soient tout à fait étroits, ces gens ont cependant coutume d'exiger de chaque homme qu'ils font passer de l'autre côté, aussi bien du pauvre que du riche, une pièce de monnaie et pour un cheval, ils en extorquent indignement par la force, quatre. Or leur bateau est petit, fait d'un seul tronc d'arbre, pouvant à peine porter les chevaux ; aussi quand on y monte, faut-il prendre bien garde de ne pas tomber à l'eau. Tu feras bien de tenir ton cheval par la bride, derrière toi, dans l'eau, hors du bateau, et de ne t'embarquer qu'avec peu de passagers, car si le bateau est trop chargé, il chavire aussitôt.

Bien des fois aussi, après avoir reçu l'argent, les passeurs font monter une si grande troupe de pèlerins, que le bateau se retourne et que les pèlerins sont noyés ; et alors les bateliers se réjouissent méchamment après s'être emparés des dépouilles des morts.

Puis, aux alentours des ports de Cize, se trouve le pays basque, dont la grande ville, Bayonne, est située au bord de la mer vers le nord. Ce pays dont la langue est barbare, est boisé, montueux, pauvre en pain, vin et aliments de toutes sortes, mais on y trouve en compensation des pommes, du cidre [2] et du lait.

Dans ce pays, il y a de mauvais péagers, à savoir auprès des ports de Cize, dans le bourg appelé Ostabat, à Saint-Jean et Saint-Michel-Pied-

le gave de Pau. L'abbaye bénédictine de Saint-Jean de Sorde qui remonte peut-être au xe siècle, était une étape pour les pèlerins de Saint-Jacques ; voir dans le *Bulletin monumental*, t. XCIV, 1935, p. 5-28, la notice que lui a consacrée DUMOLIN.

2. Le manuscrit porte ici le mot *sicera* qui, en bas-latin, veut dire boisson fermentée (Isidore de Séville donne cette définition : *omnis potio quae extra vinum inebriare potest* ; cf. DU CANGE s. v.) ; nous avions cru préférable d'y voir comme le P. FITA une mauvaise graphie pour *cicera*, pois chiches ; ce sont les *garbanzos* qui forment le fond de la nourriture du peuple en Espagne, encore aujourd'hui, [mais le pays basque étant producteur de cidre, il vaut mieux s'en tenir au premier sens] *.

et Sancti Michaelis Pedis Portuum Cisere — qui penitus dampnantur. Exeunt enim obviam peregrinis cum duobus aut tribus jaculis, tributa injusta vi capientes. Et si quis transeuncium, secundum eorum peticionem, nummos illis dare noluerit, et jaculis illum percuciunt et censum ab eo auferunt, exprobrantes illum et usque ad femoralias exquirentes. Ipsi sunt feroces et terra in qua commorantur ferox et silvestris et barbara habetur ; ferocitas vultuum

Fol. 4 v°. similitudinisque ‖ lingue barbare eorum, corda videncium illos expavescit. Cum non debeant rite accipere tributum nisi a mercatoribus tantum, a peregrinis et ab omnibus transeuntibus injuste accipiunt. Quando debent more accipere de qualibet re quatuor nummos vel sex, octo vel xii^{cim}, duplum scilicet, capiunt. Quapropter precipimus et exoramus ut hi portageri et rex Aragonensis ceterique divites qui tributi peccunias ab eis accipiunt omnesque illorum consencientes, scilicet Raimundus de Solis et Vivianus de Acromonte et [a] vicecomes de Sancto Michaele cum cunctis pro-

FITA 14. geniis suis venturis, una cum ‖ prefatis nautis et Arnaldo de Guinia cum omni progenie sua ventura, atque cum ceteris dominis aquarum predictarum qui ab [b] eisdem nautis nummos navigii injuste accipiunt, cum sacerdotibus etiam qui penitenciam vel eucaristiam scienter illis tribuunt, vel officium divinum illis [c] faciunt, vel in ecclesia eos consenciunt, donec per longevam ac patefactam penitenciam resipiscant, et modum in tributis suis ponant, non solum in sedibus episcopalibus terre illorum, verum etiam in beati Jacobi basilica, peregrinis audientibus, sedule excomunicentur. Et quicumque prelatorum ex hoc, vel amore vel lucro, eis parcere voluerint, anathematis gladio percuciantur [d]. Sciendum quia ipsi por-

a. et vicecomes de Sancto Michaele *ajouté en marge de la même main dans* C.

b. ex *Fita.*

c. eis *Fita.*

d. percutiatur *Fita.*

de-Port ; ils sont franchement à envoyer au diable. En effet, ils vont au-
devant des pèlerins avec deux ou trois bâtons pour extorquer par la
force un injuste tribut, et si quelque voyageur refuse de céder à leur
demande et de donner de l'argent, ils le frappent à coups de bâton et lui
arrachent la taxe en l'injuriant et le fouillant jusque dans ses culottes.
Ce sont des gens féroces et la terre qu'ils habitent est hostile aussi par ses
forêts et par sa sauvagerie ; la férocité de leurs visages et semblablement,
celle de leur parler barbare, épouvantent le cœur de ceux qui les voient.
Bien qu'ils ne dussent pas régulièrement exiger un tribut d'autres que des
seuls marchands, ils en perçoivent injustement sur les pèlerins et tous les
les voyageurs. Quand l'usage voudrait qu'ils perçoivent sur un objet
quelconque une taxe de quatre ou six sous, ils en prennent huit ou douze,
soit le double.

C'est pourquoi nous demandons instamment que ces péagers, ainsi
que le roi d'Aragon et les autres riches à qui ils remettent l'argent de ce
tribut, et tous ceux qui sont d'accord avec eux : Raymond de Solis [1],
Vivien d'Aigremont [2] et le vicomte de Saint-Michel [3] avec toute leur postérité à venir, en même temps que lesdits passeurs et Arnauld de Guinia [4]
avec sa postérité et également les autres seigneurs des eaux susdites
qui reçoivent injustement de ces passeurs le prix de la traversée, et aussi
les prêtres qui, le sachant, leur confèrent la Pénitence et l'Eucharistie et
célèbrent pour eux l'office divin ou les reçoivent à l'église, nous demandons
instamment que tous ces gens, jusqu'à ce qu'ils aient expié par une
longue pénitence publique et apporté de la modération dans les tributs
qu'ils exigent, soient frappés d'une sentence d'excommunication, publiée
non seulement au siège épiscopal de leur pays, mais aussi dans la basilique de Saint-Jacques, en présence des pèlerins. Et s'il arrivait qu'un
prélat, quel qu'il soit, veuille par bienveillance ou par intérêt leur par-
donner, qu'il soit frappé du glaive de l'anathème.

1. Raymond de Soule ; peut-être, Raymond-Guillaume de Soule (1040-
1062) ?
2. Vivien de Gramont ou d'Aigremont. Nous ne savons rien de ce personnage.
3. Le vicomte de Saint-Michel était, peut-être, le seigneur de Saint-Michel-
Pied-de-Port.
4. Arnaud de la Guigne. [Voir P. David, *Études...*, III, p. 125].

tageri [a] a peregrinis tributum accipere nullo modo debent, et naute prefati de duobus hominibus, scilicet de divitibus, pro navigio nisi unum obolum et de equo solum nummum accipere rite debent, de paupere vero nichil. Et magnas etiam naves in quibus jumenta et homines largiter queant intrare, habere debent. In terram [b] etiam Basclorum, via Sancti Jacobi [c] est excellentissimus mons quod [d] dicitur Portus Cisere, aut quia porta Yspanie [e] ibi habetur aut quia per illum montem res necessarie de alia terra ad aliam transportantur ; cujus ascensus octo miliariis et descensus similiter octo habetur. Sublimitas namque ejus tanta est quod visa est usque ad celum tangere, cujus ascensori visum est propria manu celum posse palpitari [f] ; de cujus fastigio potest videri mare Brittannicum et occidentale et hora etiam trium regionum, scilicet Castelle et Aragoni et || Gallie. In sumitate vero ejusdem montis est locus quod [g] dicitur Crux Karoli quia super illum || securibus et dolabris et fossoriis ceterisque manubriis, Karolus cum suis exercitibus in Yspaniam [h] pergens, olim tramitem fecit signumque dominice crucis prius in eo elevavit et tandem, flexis genibus, versus Galleciam Deo et sancto Jacobo precem fudit. Quapropter peregrini, genua sua ibi curvantes versus Sancti Jacobi patriam, ex more orant et singuli singula vexilla dominice crucis infigunt. Mille etiam cruces ibi possunt inveniri ; unde primus locus orationis Sancti Jacobi ibi habetur. In eodem monte, antequam Xpistianitas in horis yspanicis [i] ad plenum augmentaretur, Navarii impii et Bascli

FITA 15.

Fol. 5

(CLVII).

---

a. portigeri *Fita.*

b. terra *Fita.*

c. *R reprend ici* : In via Sancti Jacobi ubi est excellentissimus mons.

d. qui *R.*

e. Hispanie *R.*

f. palpitare *R.*

g. qui *R.*

Il faut savoir que ces péagers ne doivent, en aucune façon, percevoir un tribut quelconque des pèlerins et que les passeurs ne doivent demander régulièrement à deux personnes pour la traversée, qu'une obole seulement si ce sont des riches et pour un cheval, une pièce de monnaie, et si c'est un pauvre, rien du tout.

Et en outre, les passeurs sont tenus d'avoir de grands bateaux dans lesquels peuvent entrer largement les hommes et leurs montures.

Dans le pays basque, la route de Saint-Jacques franchit un mont remarquable appelé Port de Cize [1], soit parce que c'est là la porte de l'Espagne, soit parce que c'est par ce mont que les marchandises utiles sont transportées d'un pays dans l'autre. Pour le franchir, il y a huit milles à monter et autant à descendre. En effet, ce mont est si haut qu'il paraît toucher le ciel ; celui qui en fait l'ascension croit pouvoir, de sa propre main toucher le ciel. Du sommet, l'on peut voir la mer de Bretagne et de l'Ouest [2] et les frontières des trois pays : Castille, Aragon [3] et France. Au sommet de ce mont, est un emplacement nommé la Croix de Charles [4] parce que c'est à cet endroit qu'avec des haches, des pics, des pioches et d'autres outils, Charlemagne allant en Espagne avec ses armées se fraya jadis un passage et qu'il dressa d'abord symboliquement la croix du Seigneur et ensuite pliant le genou, tourné vers la Galice, adressa une prière à Dieu et à saint Jacques. Aussi, arrivés ici, les pèlerins ont-ils coutume de fléchir le genou et de prier en se tournant vers le pays de Saint-Jacques et chacun plante sa croix comme un étendard. On peut trouver là jusqu'à mille croix. C'est pourquoi cet endroit est la première station de prière sur le chemin de Saint-Jacques. C'est sur cette montagne, avant que le christianisme se fût répandu largement en Espagne, que les Navarais impies et les Basques avaient coutume non

1. Voir plus haut, p. 3, n. 3, et p. 5, n. 1.
2. C'est-à-dire l'océan Atlantique.
3. La Navarre faisait alors partie du royaume d'Aragon.
4. Voir au sujet de cette croix l'article cité de E. LAMBERT, *Roncevaux*, p. 16 et 17 du tirage à part.

---

h. Hispaniam *R.*
i. hispanicis *R.*

peregrinos ad Sanctum Jacobum pergentes non solum depredari, verum etiam ut asinos equitare et perimere solebant. Juxta vero montem illum versus scilicet septemtrionem, est vallis que dicitur Vallis Karoli in qua hospitatus fuit idem Karolus cum suis exercitibus quando [a] pugnatores in Runciavalle occisi fuere ; per quam etiam multi.peregrini ad Sanctum Jacobum tendentes transeunt, nolentes montem ascendere. Postea vero in descensione ejusdem montis, invenitur hospitale et ecclesia in qua est petronus quem Rotolandus heros potentissimus, spata sua, a summo usque deorsum, per medium trino ictu scidit. Deinde invenitur Runciavallis, locus scilicet quo bellum magnum olim fuit jactum in quo rex Marsirus et Rotolandus et Oliverus et alii pugnatores cum XL [b]

FITA 16. milibus xpistianorum simul et Sarracenorum occisi fuere || ¶ Post hanc vallem invenitur tellus Navarrorum que felix pane et vino, lacte et peccoribus habetur. Navarri et Bascli unius similitudinis et qualitatis in cibis scilicet et vestibus et lingua habentur, sed Bascli facie candidiores Navarris approbantur. Navarri pannis nigris et curtis usque ad genua tantummodo, Scotorum more, induuntur et sotularibus [c] quos *lavarcas* [d] vocant, de piloso corio scilicet non confecto factas, corrigiis circa pedem alligatas, plantis pedum solummodo involutis, basibus nudis, utuntur. Palliolis vero laneis scilicet atris, longis usque ad cubitos, in effigie penule fimbriatis, quos vocant *saias* utuntur. Hi vero turpiter vestiuntur et turpiter comedunt et bibunt. Omnis namque familia domus Navarri,

a. *abrégé* $\overline{qm}$ *C,* quantum *ou* quoniam *n'auraient aucun sens.*

b. C.XL. milibus *C* ; $\overline{C}$.XL milibus *R* ; CXL milibus *Fita* ; *il semble bien* qu'on *doive lire* cum XL milibus, *à cause de l'ablatif* milibus ; *c'est d'ailleurs ce qu'a compris le moine de Ripoll* *.

c. sotularibus *corr. en* sutularibus *R.*

d. *R. corr. en* avarcas, *correction intéressante, le terme castillan actuel, emprunté au basque, étant* abarca.

seulement de dévaliser les pèlerins allant à Saint-Jacques, mais de les
« chevaucher » comme des ânes et de les faire périr. Près de ce mont,
vers le nord, est une vallée appelée le Val Carlos [1], dans laquelle se réfugia
Charlemagne avec ses armées après que les combattants eussent été
tués à Roncevaux. C'est par là que passent beaucoup de pèlerins allant
à Saint-Jacques, quand ils ne veulent pas gravir la montagne.

Ensuite en descendant de la cime, on trouve l'hospice et l'église [2],
dans laquelle se trouve le rocher que Roland, ce héros surhumain, fendit
d'un triple coup de son épée du haut jusqu'en bas, par le milieu. Ensuite
on trouve Roncevaux où jadis eut lieu la grande bataille dans laquelle
le roi Marsile, Roland, Olivier avec quarante mille [3] autres guerriers
chrétiens et sarrasins, trouvèrent la mort. Après cette vallée, on entre
dans le pays navarrais où ne manquent ni le pain, ni le vin, ni le lait,
ni le bétail. Les Navarrais et les Basques se ressemblent et ont les mêmes
caractéristiques dans leur façon de se nourrir et de se vêtir et dans leur
langage, mais les Basques ont le visage plus blanc que les Navarrais.

Les Navarrais portent des vêtements noirs et courts qui s'arrêtent au
genou, à la mode écossaise ; ils ont des souliers qu'ils appellent *lavarcas* [4],
faits de cuir non préparé et encore muni de poil, qu'ils attachent autour
de leurs pieds avec des courroies, mais qui enveloppent seulement la
plante des pieds laissant le dessus du pied nu. Ils portent des manteaux
de laine de couleur sombre qui tombent jusqu'au coude, frangés, à la
façon d'un capuchon et qu'ils appellent saies [5]. Ces gens sont mal habillés
et mangent et boivent mal ; chez les Navarrais, toute la maisonnée, le

1. P. RAYMOND cite dans le *Dict. topogr. des Basses-Pyrénées* un chemin
dans la commune de Lasse qui a conservé le nom de chemin du Val Carlos
parce qu'il mène dans cette vallée espagnole.

2. Voir E. LAMBERT, *art. cité* passim.

3. Si l'on adopte la lecture de FITA, qui paraît mauvaise, il faut traduire
par *cent quarante mille* guerriers.

4. Le mot actuel castillan, emprunté au basque, est *abarca* [catalan,
avarca] ; le compilateur français a ajouté devant un *l* inutile, que le copiste
de Ripoll supprime ; ce sont d'après le Dictionnaire de l'Académie espagnole
des chaussures de cuir brut qui couvrent la plante, les doigts et la plus grande
partie du pied ; on les fixe au moyen de cordes ou de courroies sur le cou-
de-pied et la cheville.

5. *Saia* est le mot latin (tiré du celtique) *sagum, saga*, que l'on trouve chez
César, Tite-Live et ailleurs.

tam servus quam dominus, tam ancilla quam domina, omnia
Fol. 5 v⁰. pulmentaria simul mixta in uno catino, non cum ‖ cocleariis sed
manibus propriis, solet [a] comedere [b] et cum uno cipho [c] bibere.
Si illos comedere [b] videres, canibus edentibus vel porcis eos compu-
tares. Sique illos loqui audires, canum latrancium memorares.
Barbara enim lingua penitus habentur, Deum vocant *Urcia*, Dei
genitricem *Andrea Maria*, panem *orgui* [d], vinum *ardum*, carnem
aragui, piscem *araign*, domum *echea*, dominum domus *iaona*, domi-
nam *andrea*, ecclesiam *elicera*, presbiterum *belaterra*, quod interpretatur pulcra terra, tricticum *gari*, aquam *uric*, regem *ereguia* [e],
sanctum Jacobum *Joana domne* [f] *Jacue*. Hec est gens barbara,
omnibus gentibus dissimilis ritibus et essentia, omni [g] malicia plena,
FITA 18. colore atra, visu iniqua, prava, perversa, perfida, fide ‖ vacua
et corrupta, libidinosa, ebriosa, omni violentia docta, ferox et silvestris, improba et [h] reproba, impia et austera, dira et contentiosa,
ullis bonis inculta [i], cunctis viciis et iniquitatibus edocta, Getis
et Sarracenis [j] consimilis malicia, nostre genti gallice [k] in omnibus
inimica. Pro uno nummo tantum perimit Navarrus aut Basclus, si
potest, Gallicum. In quibusdam horis eorundem, in Biscagia scilicet et Alava, dum Navarri se calefaciunt, vir mulieri et mulier
viro verenda sua ostendunt. Navarri etiam utuntur fornicatione
incesta pecudibus [l] : seram enim Navarrus ad mule sue et eque
posteriora suspendere dicitur, ne alius accedat sed ipse. Vulve
etiam mulieris et mule basia prebet libidinosa. Quapropter ab om-

a. solent *R.*
b. commedere *R.*
c. cypho *R.*
d. ogui *R.*
e. et reguia *R.*
f. d⁰nē *R.*
g. *Om. Fita.*
h. *Om. R.*

serviteur comme le maître, la servante comme la maîtresse, tous ensemble
mangent à même la marmite, les aliments qui y ont été mélangés, et cela
avec leurs mains, sans se servir de cuillers et ils boivent dans le même
gobelet. Quand on les regarde manger, on croirait voir des chiens ou des
porcs dévorer gloutonnement ; en les écoutant parler, on croit entendre
des chiens aboyer. Leur langue est en effet tout à fait barbare. Ils appellent
Dieu *Urcia* [1], la mère de Dieu, *Andrea Maria*, le pain, *orgui*, le vin,
ardum, la viande, *aragui*, le poisson, *araign*, la maison, *echea*, le maître
de la maison, *iaona*, la maîtresse, *andrea*, l'église, *elicera*, le prêtre,
bela terra, ce qui veut dire belle terre, le blé, *gari*, l'eau, *uric*, le roi,
ereguia, saint Jacques, *Jaona domne Jacue*.

C'est un peuple barbare, différent de tous les peuples et par ses coutumes et par sa race, plein de méchanceté, noir de couleur, laid de visage,
débauché, pervers, perfide, déloyal, corrompu, voluptueux, ivrogne,
expert en toutes violences, féroce et sauvage, malhonnête et faux, impie
et rude, cruel et querelleur, inapte à tout bon sentiment, dressé à tous les
vices et iniquités. Il est semblable aux Gètes [2] et aux Sarrasins par sa
malice et de toute façon ennemi de notre peuple de France. Pour un sou
seulement, le Navarrais ou le Basque tue, s'il le peut, un Français. Dans
certaines régions de leurs pays, en Biscaye et Alava, quand les Navarrais
se chauffent, l'homme montre à la femme et la femme à l'homme
ce qu'il devrait cacher. Les Navarrais forniquent honteusement avec
les bestiaux ; on raconte que le Navarrais met un cadenas à sa mule
et à sa jument pour empêcher tout autre que lui-même d'en jouir. La
femme comme la mule est livrée à sa débauche.

Voilà pourquoi tous les gens avertis réprouvent les Navarrais. Pour-

---

1. Dans la préface qu'il donne à l'édition de Fita, Julien Vinson fait
une petite étude sur ce vocabulaire basque et renvoie à deux articles de la
Revue de Linguistique, t. XIV, p. 120-145 et p. 269-274.

2. La leçon de Ripoll montre qu'Arnauld du Mont ignorait l'existence des
Gètes.

---

i. nullis bonis culta *R*.

j. genti Sarracenorum *R*.

k. *R. corr. en* Gallecie *et ajoute en interligne et* Gallie.

l. in peccudibus *R*.

nibus peritis sunt corripiendi Navarri. In campo tamen belli, probi habentur, ad assiliendum castrum [a] improbi, in decimis dandis legitimi, in oblationibus altarium assueti approbantur. Per unum quemque enim [b] diem, dum ad ecclesiam Navarrus vadit, aut panis aut vini aut trictici [c] aut alicujus substancie oblationem Deo facit. Ubicumque Navarrus aut Basclus pergit, cornu ut venator collo suspendit et duo jacula aut tria que *auconas* vocat [d] ex more manibus tulit [e]. Cumque domum ingreditur et regreditur, ore sibilat ut milvus et dum in secretis locis vel in solitudinibus rapacitatis causa latens, socios silentio convocare desiderat, vel more bubonis cantat, vel instar [f] lupi ululat. Tradi solet illos ex genere Scotorum *Fol.* 6 descendisse, pro eo || quod similes illis sunt moribus et similitu- (CLVIII) dine. Julius Cesar [g], ut traditur [h], tres gentes, Nubianos scili- || -cet, FITA 19. Scotos et Cornubianos caudatos, ad expugnandum Yspanorum [i] populos, eo quod tributum ei reddere nolebant, ad Yspaniam [j] misit, precipiens eis ut omnem sexum masculinum gladio interficerent femineumque [k] tantum ad vitam reservarent. Qui cum per mare terram illam ingressi essent, confractis navibus suis, ab urbe Barquinona usque ad Cesaraugustam et ab urbe Baiona usque ad montem Oque, igne et gladio devastaverunt. Hos fines transire nequiverunt, quoniam Castellani coadunati illos expugnantes a finibus suis ejecerunt. Illi autem fugientes venerunt as Montes Marinos qui sunt inter Nageram et Pampiloniam et Baionam [l], scilicet ver-

a. campum *Fita.*
b. per unum enim quemque *R.*
c. tritici *R.*
d. vocant *R.*
e. ferens R ; tollit *Fita.*
f. ad instar *R.*
g. *Tout ce passage* : Julius Cesar... convertit *se retrouve à la suite de nombreux manuscrits du Pseudo-Turpin sans que le reste du guide du Pèlerin y figure* ; *voir* Meredith-Jones, p. 248-251.

tant, ils sont bons sur le champ de bataille, mais mauvais pour l'assaut des forteresses, réguliers dans le paiement des dîmes, accoutumés à faire des offrandes pour l'autel ; chaque jour, en effet, quand il va à l'église, le Navarrais fait à Dieu l'offrande de pain, de vin, de blé ou d'autre chose. Partout où va le Navarrais ou le Basque, il emporte comme un chasseur une corne suspendue à son cou et il tient habituellement à la main deux ou trois javelots qu'il appelle *auconas* [1]. Et quand il entre dans sa maison ou y revient, il siffle comme un milan, et quand il est dans les lieux secrets ou caché dans la solitude pour faire le guet et qu'il veut dans le silence appeler ses compagnons, ou bien il imite le hululement du hibou, ou il hurle comme le loup.

On raconte communément que les Basques sont issus de la même race que les Écossais parce qu'ils leur ressemblent par leurs coutumes et par leurs traits. Jules César envoya, dit-on, en Espagne, trois peuples, les Nubiens, les Écossais et les coués [2] de Cornouailles, pour faire la guerre aux peuples d'Espagne qui refusaient de lui payer un tribut ; il leur donna l'ordre de faire périr par le glaive tous les mâles, épargnant seulement la vie des femmes. Ces gens étant venus par mer, atterrirent dans ce pays et après avoir brisé leurs vaisseaux, dévastèrent tout par le fer et par le feu depuis Barcelone jusqu'à Saragosse et de Bayonne jusqu'au mont Oca [3]. Ils ne purent aller plus loin car les Castillans s'unirent pour les chasser de leur territoire. S'étant donc enfuis, ils atteignirent les monts Marins qui sont entre Najera, Pampelune et Bayonne, du côté

1. Ce mot est passé dans le castillan sous la forme *azcona* qui désigne une arme de jet [*].

2. L'épithète de *caudatus*, coué, pourvu d'une queue, est fréquemment attribué aux Anglais au moyen âge ; cf. Du Cange qui cite un passage de Jacques de Vitry, *Hist. occ.*, cap. 7. *Anglicos potatores et caudatos.*

3. Au nord de Burgos.

---

h. fertur *Fita*.

i. Hispanorum *R*.

j. Hispaniam *R*.

k. *R. om.* que.

l. et Baionam *ajouté en marge dans C, est intégré dans le texte de R ; omis par Fita.*

sus Maritimam, in terra Biscagie et Alave, ubi habitantes multa castra edificaverunt, et interfecerunt omnes masculos quorum uxores vi sibi rapuerunt, e quibus natos genuerunt qui postea a sequentibus Navarri vocantur, unde Navarrus interpretatur *non verus*, id est [a] non vera progenie aut legitima prosapia generatus [b]. Navarri etiam a quadam urbe que Naddaver dicitur, prius nomen sumpserunt ; que est in illis horis e quibus primitus advenerunt, quam scilicet urbem in primis temporibus beatus Matheus apostolus et evangelista, sua predicacione ad Dominum convertit.

¶ Post terram illorum, transito nemore Oque, versus scilicet Burgas, sequitur tellus Yspanorum [c], Castella videlicet et campos [d]. Hec est terra plena gazis, auro et argento, palleis et equis fortissimis felix, pane [e], vino, carne, piscibus, lacte et melle fertilis ; lignis tamen est desolata, hominibus malis et viciosis plena. ‖

FITA 20.   Inde terra Gallecianorum, transitis horis Legionis et portibus Montis Yraci et Montis Februarii invenitur ; hec est nemorosa fluminibusque pratis et malariis obtimis, fructibusque bonis et fontibus clarissimis apta, urbibus et villis et segetibus rara, pane triticeo et vino stricta, pane siliginensi et sicera larga, peccoribus et jumentis, lacte et melle, piscibusque marinis immanissimis et paucis abilis, auroque et argento et palleis pellibusque silvestribus ceterisque opibus felix, ymmo gazis sarracenicis copiosa. Galle-
Fol 6 v°. ciani vero genti ‖ nostre gallice magis, pre ceteris gentibus yspanicis incultis, moribus congrue concordantur, sed iracundi et litigiosi valde habentur.

a. idem *Fita.*
b. generatur *Fita.*
c. ici *R ne rétablit pas comme ailleurs un* H *initial.*
d. *R s'arrête ici, la fin du chapitre étant omise.*
e. *Fita ajoute* et.

de la mer en terre de Biscaye et d'Alava où ils s'installèrent, construisirent de nombreuses forteresses et massacrèrent tous les mâles ; s'étant emparés de leurs épouses par la force, ils en eurent des enfants qui par la suite furent appelés Navarrais ; c'est ainsi que s'explique le nom de Navarrais *non vrai*, car ils ne sont pas issus d'une race pure ou d'une souche légitime. Les Navarrais en outre prirent leur nom d'abord d'une ville appelée Naddaver qui est dans le pays d'où ils sortirent à l'origine ; cette ville fut, dès les premiers temps, convertie au Seigneur par la prédication du bienheureux Matthieu, apôtre et évangéliste.

Après cette contrée, on traverse la forêt d'Oca et la terre d'Espagne continue vers Burgos, c'est la Castille et sa campagne*. Ce pays est plein de richesses, d'or et d'argent, il produit heureusement du fourrage et des chevaux vigoureux, et le pain, le vin, la viande, les poissons, le lait et le miel y abondent. Cependant il est dépourvu de bois et peuplé de gens méchants et vicieux.

Puis on trouve la Galice, une fois qu'on a traversé le pays de Leon et les cols du mont Irago et du mont Cebrero ; ici, la campagne est boisée, arrosée de fleuves, bien pourvue de prés et d'excellents vergers ; les fruits y sont bons et les sources claires, mais les villes, villages et champs cultivés sont rares ; le pain de froment et le vin n'abondent pas, mais on trouve largement du pain de seigle et du cidre [1], du bétail et des montures, du lait et du miel ; les poissons de mer qu'on y pêche sont énormes, mais en petit nombre [2] ; quant à l'or, l'argent, les tissus [3], les fourrures d'animaux des forêts et d'autres richesses y abondent ainsi que les somptueux trésors sarrasins.

Les gens de Galice sont, avant tous les autres peuples incultes d'Espagne, ceux qui se rapprochent le plus de notre race française par leurs coutumes, mais ils sont, dit-on, enclins à la colère et très chicaniers.

1. Nous avons déjà rencontré le mot *sicera* p. 20, mais alors que plus haut il paraissait possible de le corriger en *cicera*, pois chiche, il s'agit sans aucun doute ici d'une boisson fermentée, cidre, bière ou autre qui s'oppose au vin, comme le pain de seigle s'oppose au pain de froment. BONNAULT D'HOUËT traduit par bière, p. 173.

2. On peut comprendre aussi qu'on y pêche des poissons de mer très grands, et des petits. Cf. BONNAULT D'HOUËT, p. 173.

3. On pourrait donner à *palleis*, comme plus haut, le sens de fourrage mais il s'agit plutôt ici de tissus. Cf. DU CANGE s. v. *pallium* 2, pannus sericus.

CAPITULUM VIII [a]. — DE CORPORIBUS SANCTORUM QUE IN YTINERE SANCTI JACOBI REQUIESCUNT, QUE PEREGRINIS EJUS SUNT VISITANDA.

¶ Primitus namque his qui per viam Egidianam ad Sanctum Jacobum tendunt, beati Trophimi confessoris corpus aput Arelatem visitandum est ; cujus meminit beatus Paulus scribens ad Thimoteum, qui ab eodem apostolo antistes ordinatus, prefate urbi primus ob Xpisti evangelium predicandum directus est. Ex cujus fonte lucidissimo, ut papa Zosimus scribit, tota Gallia fidei rivulos accepit ; cujus sollempnitas .IIII. kl. januarii celebratur.

Item visitandum est corpus beati Cesarii episcopi et martiris, qui in eadem urbe regulam monacharum instituit, cujus festivitas colitur kl. novembris. ||

FITA 21.   ¶ Item in cimiterio prefate urbis, beati Honorati episcopi presidia sunt postulanda ; cujus sollempnitas colitur .XVII. kl. februarii, in cujus basilica veneranda et obtima, beati Genesii preciossimi martyris corpus requiescit. Est igitur vicus juxta Arelatem, inter duo

a. *Ce chapitre n'est reproduit qu'en partie dans R. (tout le début manque) par contre, il se trouve souvent dans les manuscrits du Pseudo-Turpin, sans que le reste du Guide y figure ; on le trouve notamment dans les manuscrits de la Bibl. nat. de Paris, lat. 3550 et lat 13775.*

1. Sur tout ce qui va suivre, se reporter à l'excellente étude de F. BENOIT. *Les cimetières suburbains d'Arles dans l'antiquité chrétienne et au moyen âge,* Rome, Paris, 1935.

2. Saint Trophime, évêque d'Arles aux premiers siècles, donna son nom à la cathédrale dont certaines parties remontent à l'époque où fut écrit le Guide du Pèlerin. Cf. LABANDE. *Étude historique et archéologique sur Saint-Trophime d'Arles, IVe-XIIIe siècles,* dans *Bulletin Monumental,* 1903-1904.

3. II Tim. IV, 20 ; il ne s'agit d'ailleurs pas dans les Épîtres de saint Paul du même Trophime. Cf. LEVILLAIN, *Saint Trophime, confesseur et métropolitain d'Arles,* dans *Revue d'Histoire de l'Église de France,* 1927, pp. 145-189.

Pl. III.

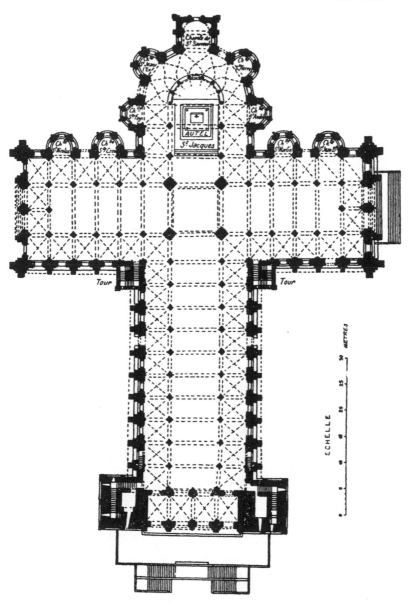

PLAN DE LA CATHÉDRALE DE SAINT-JACQUES DE COMPOSTELLE AU XIIe SIÈCLE
(d'après *K. J. CONANT*).

CHAPITRE VIII

Corps saints qui reposent sur la route de Saint-Jacques et que les pèlerins doivent visiter.

Tout d'abord ceux qui vont à Saint-Jacques par la route de Saint-Gilles, doivent rendre visite à Arles [1] au corps du bienheureux Trophime [2], confesseur ; c'est lui dont saint Paul [3], écrivant à Timothée, évoque le souvenir et qui fut, par ce même apôtre, sacré évêque et envoyé le premier dans cette ville pour y prêcher l'évangile du Christ. C'est de cette source très claire, dit le pape Zozime, que toute la France reçut les ruisseaux de la foi. Sa fête se célèbre le 29 décembre.

Il faut visiter aussi le corps du bienheureux Césaire [4], évêque et martyr, qui établit en cette ville la règle des moniales et dont la fête se célèbre le 1er novembre [5].

Et dans le cimetière de la même ville on doit chercher les reliques de l'évêque saint Honorat [6] ; son office solennel se célèbre le 16 janvier et c'est dans sa vénérable et magnifique basilique [7] que repose le corps du très saint martyr Genès [8].

4. Saint Césaire, archevêque d'Arles († 543), avait fondé vers 515 un monastère de religieuses dont sa sœur fut abbesse, sous une règle propre, changée plus tard pour celle de saint Benoît (cf. Dom Cottineau. *Répertoire topobibliographique des abbayes et prieurés*, s. v. Arles). F. Benoit a consacré une notice à son tombeau dans le *Bulletin Monumental*, t. XICV, 1935, p. 137-143.

5. Il semble qu'il y ait une erreur de date, le saint Césaire commémoré le 1er novembre serait soit un diacre romain, soit un martyr de Terracine. Cf. Perdrizet, *Le calendrier parisien à la fin du moyen âge*, Paris, 1933, p. 250 ; saint Césaire d'Arles était mort le 27 août.

6. Saint Honorat, fondateur du monastère de Lérins, évêque d'Arles († 429) ; la translation de ses cendres à Lérins n'eut lieu qu'en 1392.

7. L'église Saint-Honorat [et Saint-Genès] existe encore aux Aliscamps, près d'Arles ; elle a des murs carolingiens et subit des réfections successives dont une notable aux XIIe-XIIIe siècles. Cf. F. Benoit, *op. cit.*, p. 39 et suiv.

8. Saint Genès, soldat et greffier à Arles, y subit le martyre le 25 août 303 ou 308 ; il est différent du saint Genès romain, patron des acteurs. Cf. F. Benoit, *op. cit.*, p. 4-14.

Rodani brachia, qui dicitur Trenquatalla, in quo est columna quedam marmorea, obtima, valde excelsa, super terram erecta, scilicet retro ejus ecclesiam, ad quam perfidi populi beatum Gene-
sium ut fertur alligantes decollarunt ; que etiam usque hodie roseo
ejus cruore apparet purpurea. Ipse vero mox ut decollatus fuit,
caput proprium manibus accipiens in Rodanum ejecit, et corpus
per medium fluvii usque ad beati Honorati basilicam in qua honorifice jacet deportavit. Caput vero ipsius per Rodanum et mare cur-
rens, Kartaginem, urbem Yspanorum, ductu angelico pervenit,
in qua obtime nunc requiescit et multa miracula facit. Cujus sollempnitas colitur. VIII. kl. septembris.

¶ Inde visitandum est juxta Arelatem urbem cimiterium defunc-
torum, loco qui dicitur Ajliscampis, precibus scilicet, psalmis et
elemosinis ut mos est pro defunctis exorare ; cujus longitudo et
latitudo uno miliario constat. Tot ac tanta vasa marmorea super ter-
ram sita, in nullo cimiterio nusquam possunt [a] inveniri, excepto ||
Fol. 7   in illo. Sunt etiam diversis operibus et literis latinis insculta et dic-
(CLIX).   tatu inintelligibili, antiqua. Quanto magis longe perspexeris, tanto
magis longe sarcofagos videbis. In eodem cimiterio septem ecclesie
habentur, in qualibet quarum si quis presbiter eucaristiam pro
FITA 22. defunctis fecerit, || vel laicus alicui sacerdoti celebrare devote fece-
rit, vel psalterium clericus legerit, veraciter pios illos defunctos
qui ibi jacent, sue salvacionis adjutores in novissima resurrectione
coram Deo habebit. Multa enim sanctorum martyrum et confes-
sorum corpora ibi requiescunt, quorum anime in paradisiaca sede
congaudent. Eorum namque commemoracio post octabas Pasce,
.II. feria more celebretur.

¶ Item beati Egidii piissimi confessoris atque abbatis corpus
dignissimum, summopere vigilanti occulo visitandum est : bea-

a. posst *C* ; *possint Fita.*

Pl. IV.

PORTAIL DES ORFÈVRES.

Il y a un faubourg près d'Arles, entre deux bras du Rhône, appelé Trinquetaille, où se trouve une colonne de marbre [1] magnifique, très élevée qui se dresse sur la terre derrière l'église de ce saint ; c'est là que la méchante populace attacha, dit-on, le bienheureux Genès avant de le décapiter et aujourd'hui encore on y voit les traces pourpres de son sang vermeil ; quant au saint, il prit dans ses mains sa tête aussitôt tranchée et la jeta dans le Rhône ; son corps fut porté par le fleuve jusqu'à la basilique de Saint-Honorat où il reçut une sépulture très honorable. Quant à sa tête, elle descendit par le Rhône jusqu'à la mer, et conduite par un ange, elle atteignit Carthagène en Espagne où elle repose glorieusement et fait de nombreux miracles [2]. Sa fête se célèbre le 25 août.

De là, il faut aller visiter auprès d'Arles, le cimetière, en un lieu qu'on appelle les Aliscamps [3], et intercéder pour les défunts suivant la coutume, tant par les prières et les psaumes que par les aumônes ; sa longueur et sa largeur sont d'un mille. Nulle part ailleurs, on ne pourrait trouver en aucun cimetière tant de tombes de marbre, ni de si grandes, alignées sur la terre. Elles sont d'un travail varié, portent d'antiques inscriptions sculptées en lettres latines, mais dans une langue inintelligible. Plus on regarde au loin, plus on voit s'allonger la file des sarcophages.

Dans ce cimetière, il y a sept églises [4] ; si, dans chacune d'entre elles, un prêtre célèbre l'Eucharistie pour les défunts, ou si un laïque fait pour eux dire la messe, ou si un clerc y récite le psautier, il est sûr de trouver auprès de Dieu, à la résurrection dernière, ces pieux gisants pour l'aider à obtenir son salut. En effet, nombreux sont les corps des saints martyrs et confesseurs qui reposent là, et dont les âmes résident au milieu des joies du Paradis. Leur commémoration se célèbre suivant l'usage le lundi après l'octave de Pâques.

Il faut aussi rendre visite avec des égards très attentifs au corps véné-

1. Cette colonne resta en place jusqu'en 1806, nous apprend F. BENOIT, et donna son nom à l'église Saint-Genès de la Colonne.

2. Sur la diffusion du culte de saint Genès et ses homonymes en France, en Italie et en particulier en Espagne, cf. F. BENOIT, *op. cit.*, p. 10, et *Acta Sanctorum*, août V, p. 123 et suiv. ; il y avait dans la province de Carthagène un ermitage de San Ginès de la Xara.

3. Cf. F. BENOIT, *op. cit.*, p. 32-61.

4. Il y en eut même bien davantage par la suite, voir leurs vocables et leur histoire dans F. BENOIT, *op. cit.*

tissimus namque Egidius per cuncta cosmi climata famosissimus, omnibus venerandus, cunctis digne celebrandus, omnibus diligendus cunctisque invocandus, omnibusque est petendus. Post prophetas et apostolos nemo illo inter ceteros sanctos dignior, nemo sanctior, nemo gloriosior, nemo auxilio velocior. Ipse enim pre ceteris sanctis velocius usus est adjuvare egentes et afflictos et angustiatos sibi clamantes. O quam pulcrum est et opere preciosum, ejus visitare sepulcrum ! Die vero qua illum quis toto corde deprecatus fuerit, procul dubio adjutus feliciter erit. In memetipso probavi que aio : Vidi olim quendam in ejusdem villa qui die qua illum invocavit, a domo cujusdam Peiroti sutoris, subsidiis beati confessoris evasit, que scilicet domus vetustissima penitus confracta cecidit. Quis igitur amplius ejus videbit limina ? Quis Deum adorabit in ejus sacratissima basilica ? Quis amplius ejus amplexabitur sarcofagum ? Quis osculabitur ejus altare venerandum aut quis ejus vitam piissimam enarrabit ? Ejus namque tunicam eger induit et sanatur, ıpsius virtute indeficienti [a] quidam a serpente percussus sanatur, alius arreptus a demonio liberatur, tempestas marina cessat ; || Theocrite filia obtate diu sospitati restituitur ; egrotus tocius corporis valitudıne carens incolumitati diu desiderate redditur ; cerva que || prius erat indomita ejus imperiis domestica effecta famulatur ; ordo monasticus illo abbate patrocinante augmentatur ; energuminus a demonio liberatur ; peccatum Karoli ab angelo sibi revelatum, regi dimititur ; defunctus ad vi-

FITA 23.

Fol. 7 v°.

a. indeficiente *Fita*.

1. Sur Saint-Gilles et son pèlerinage qui fut un des plus fréquentés au moyen âge, consulter : outre les *Acta Sanctorum*, septembre I, 284, CHARLES-ROUX (J.), *Saint-Gilles, sa légende, son abbaye, ses coutumes*, Paris, 1911. A. FLICHE présente dans la collection des *Petites monographies des grands édifices de la France*, une excellente étude sur l'abbaye de Saint-Gilles et ses vicissitudes à travers les âges, *Aigues-Mortes et Saint-Gilles*, Paris, Laurens, s. d.

rable de saint Gilles [1], pieux confesseur et abbé, car saint Gilles, célèbre dans tous les pays du monde, doit être vénéré par tous, dignement honoré par tous et par tous aimé, invoqué et supplié. Après les prophètes et les apôtres, nul parmi les bienheureux n'est plus digne que lui, nul n'est plus saint, plus revêtu de gloire, nul n'est plus prompt à venir en aide. En effet, c'est lui qui avant tous les autres saints a coutume de venir le plus vite au secours des malheureux, des affligés et des angoissés qui l'invoquent. O comme il est beau et profitable de visiter son tombeau ! Le jour même où on l'aura prié de tout son cœur, on sera exaucé sans aucun doute. J'ai fait moi-même l'expérience de ce que j'avance : j'ai vu jadis quelqu'un dans la ville de ce saint qui, le jour même où il l'avait invoqué, s'échappa grâce à la protection de ce bienheureux confesseur, de la maison d'un certain Peyrot, cordonnier ; après quoi cette maison très vétuste s'écroula, complètement démolie. Qui donc passera le plus de temps auprès de lui ? Qui adorera Dieu dans sa très sainte basilique ? Qui embrassera davantage son tombeau ? Qui baisera son autel vénérable ou qui fera le récit de sa très pieuse vie [2] ? Un malade revêt la tunique de ce saint : il est guéri ; par son inépuisable vertu, un homme piqué par un serpent est guéri ; un autre possédé par le démon est délivré ; une tempête sur mer est apaisée. La fille de Théocrite lui est rendue par une guérison longuement désirée ; un homme dont tout le corps est malade, est rendu à la santé souhaitée depuis longtemps ; une biche naguère sauvage, sur ses injonctions, s'apprivoise et le sert. Un monastère se développe sous le patronage de cet abbé ; un énergumène est délivré du démon ; un péché de Charlemagne, à lui révélé par un ange, est remis à ce roi ; un mort est rendu à la vie ; un estropié retrouve la santé ; bien plus, deux portes en bois de cyprès, où se trouvaient sculptées les

L'abbé C. NICOLAS a publié dans le *Bulletin du comité de l'art chrétien*, Nîmes, 1908, p. 108-114, un article intitulé *Peintures murales et châsse de Saint-Gilles au XIIe siècle* ; il y traduit, d'après FITA, tout ce passage du guide ayant trait à Saint-Gilles et à sa châsse, dont il croit avoir retrouvé l'emplacement dans la crypte où le tombeau est encore vénéré et où se voient, à la voûte, des traces de peintures murales qui lui semblent être du XIIe siècle.

2. Consulter sur la vie de saint Gilles, l'étude très approfondie de Gaston PARIS dans l'introduction qu'il donne, en collaboration avec A. Bos, à l'édition de la *Vie de saint Gilles par Guillaume de Berneville, poème du XIIe siècle*, Paris, 1881. *Société des anciens textes français* *.

tam redditur ; contractus pristine saluti redditur ; ymo duo cipres-
sina hostia prelatorum imaginibus apostolorum insculpta, a Romana urbe usque ad Rodani portum, per marinas undas sine aliquo
regimine, sola ᵃ potenti imperio suo perveniunt. Tedet me mori ᵇ
quia narrare nequeo ejus omnia acta veneranda, idcirco quia tot
sunt et tanta. Greca stella clarissima, postquam his radiis Provin-
cialibus eluxit, inter illos obtime accubuit, non deficiens sed aug-
mentans, non sua amittens lumina sed prebens omnibus duplicia,
non descendens ad infima sed ascendans ad Olimpi cacumina ;
non moriendo ejus lux atra efficitur, sed suis insignibus sidereis
clarior pre ceteris sideribus sanctis per quatuor cosmi climata habetur. Media igitur nocte, dominica, kalendis septembris, hoc sidus
accubuit quod chorus angelicus in politica sede secum collocavit,
et plebs Gotorum cum ordine monachili in libero predio suo, inter
Nemausensem scilicet urbem et fluvium Rodanum, honorifica
sepultura sibi hospitavit. Ingens arca aurea que est retro ejus altare
super ipsius corpus venerandum, in sinistrali scilicet parte, primo
gradu, sex apostolorum immaginibus est insculpta ; in quo gradu
primitus beate Marie ymago congrue sculpitur. In secundo vero
FITA 24. gradu sursum .xiiᶜⁱᵐ. signa ‖ solares ᶜ hoc ordine habentur : Aries,
Taurus, Gemini, Cancer, Leo, Virgo, Libra, Scorpio, Sagittarius,
Capricornus, Aquarius et Pisces. Et per medium illorum sunt
aurei flores in vitis effigie. In superiori ᵈ namque gradu tercio, duodecim immagines viginti quatuor seniorum habentur, his versibus
super eorum capita scriptis :

> *Ecce chorus splendens seniorum bis duodenus,*
> *Dulcia qui citharis decantant cantica claris.*

a. soli *Fita.*
b. memori *Fita.*
c. solaria *Fita.*
d. superiore *Fita.*

images des saints apôtres, arrivent de Rome jusqu'au port du Rhône, portées par les flots de la mer, sans nul guide, par la seule grâce de sa puissance souveraine. Je regrette de devoir mourir [1] avant d'avoir pu raconter tous ses hauts faits mémorables ; il y en a tant et de si grands. Cette très brillante étoile venue de Grèce [2], après avoir illuminé de ses rayons les Provençaux, se coucha magnifiquement au milieu d'eux, sans décliner mais en grandissant, ne laissant pas décroître sa lumière, mais l'envoyant deux fois plus forte, ne descendant pas vers les abîmes, mais s'élevant aux sommets de l'Olympe ; sans mourir sa lumière s'assombrit, mais rendue par ses insignes satellites plus brillante que les autres astres saints, cette étoile illumine les quatre parties du monde. C'est à minuit, un dimanche, le premier septembre, que cet astre disparut, que le chœur des anges le plaça au milieu d'eux sur un siège élevé ; le peuple goth avec les moines reçut avec honneur sa sépulture dans son libre territoire, entre la ville de Nîmes et le Rhône.

Une grande châsse d'or [3] qui est derrière son autel, au-dessus de son corps vénérable, porte sur sa face gauche au premier registre, les images sculptées de six apôtres, avec, au même niveau, à la première place, la représentation habilement sculptée de la Vierge Marie ; au second registre au-dessus, les douze signes du zodiaque se trouvent dans cet ordre : le bélier, le taureau, les gémeaux, le cancer, le lion, la vierge, la balance, le scorpion, le sagittaire, le capricorne, le verseau et les poissons et au milieu d'eux des fleurs d'or s'enroulent comme des rinceaux de vigne. Au registre supérieur — le troisième — se trouvent les images de douze des vingt-quatre vieillards avec ces vers gravés au-dessus de leur tête :

« Voici le chœur magnifique des vieillards ; ils sont deux fois douze et chantent de doux cantiques sur leurs cithares aux claires sonorités. »

1. La lecture du P. Fita *tædet memori* au lieu de *tædet me mori* incite l'abbé Nicolas à traduire ici « mes souvenirs m'importunent puisque je ne puis raconter... ».

2. La légende fait naître saint Gilles à Athènes.

3. Cf. Nicolas (Abbé C.), *art. cité* ; cet auteur qui paraît bien connaître l'histoire de l'abbaye et de la ville de Saint-Gilles ne s'est pas demandé à quelle époque cette riche châsse avait disparu (seul subsiste dans la crypte le vieux tombeau de pierre retrouvé lors des fouilles de 1865) ; est-ce au temps des persécutions iconoclastes des Albigeois dès les XIIe et XIIIe siècles, ou seulement des guerres de religion au XVIe siècle ? La question reste à élucider *.

In dextrali vero parte, primo gradu, similiter sunt alie septem immagines quarum rex apostolorum sunt et septima cujus- ‖ -libet Xpisti discipuli est. Sed et super apostolorum capita, virtutes que fuerunt in eis in utroque arce latere, in effigie mulieris sculpuntur : Benignitas scilicet, Mansuetudo, Fides, Spes et [a] Karitas et cetere. In secundo gradu dextrali flores instar vitis vinee sculpuntur. In tercio gradu superiori, sicut in sinistra parte, immagines duodecim viginti quatuor seniorum, his versibus super eorum capita scriptis sculpte habentur :

Fol 8
(CLX).

Hoc vas egregium, gemmis auroque politum,
Reliquias sancti continet Egidii.
Quod qui franget eum Dominus maledicat in evum,
Egidius pariter, cunctus et ordo sacer.

Tecta arce desuper ex utraque parte in modum scamarum piscium operantur. In cacumine vero ejus sunt profecto tredecim lapides cristallini infixi, alii in modum scaquorum, alii in modum malorum vel millegranorum ; una cristallus est ingens in modum magni piscis, trostee scilicet, erectus, cauda versa desursum. Prima quippe cristallus instar magne olle ingens habetur, super quam crux au- ‖ -rea valde splendens ponitur preciosa. In medio frontis arce in antea scilicet, in circulo aureo residet Dominus, manu dextera benedictionem innuens, et in dextera [b] librum tenens, in quo scriptum est : *Pacem et veritatem diligite.* Sub (*sic*) scabellum vero pedum ejus stella aurea habetur, et circa ulnas ejus due littere scribuntur, altera scilicet ad dexteram et altera ad levam, hoc modo : A Ω. Et desuper tronum ejus duo preciosi lapides modo inestimabili fulgent. Quatuor vero evangeliste alas habentes, juxta tronum ejus exterius habentur, singulas scedulas pedibus tenentes, in quibus evangeliorum propriorum inicia per ordinem scribuntur : Matheus in modum hominis, ad dexteram scilicet sursum, et Lucas

FITA 25.

Du côté droit de la châsse, au premier registre, il y a de même sept autres images, celles de six apôtres avec un septième personnage qui est un disciple quelconque du Christ ; mais en outre, au-dessus des têtes des apôtres, on a sculpté de chaque côté de la châsse, sous la figure de femmes, les vertus qui étaient en eux : la bonté, la douceur, la foi, l'espérance, la charité, etc.

Au second registre de la face droite, des fleurs sont sculptées en rinceaux comme la vigne et au troisième, au dessus, comme du côté gauche, il y a les images de douze des vingt-quatre vieillards avec ces vers gravés au-dessus de leur tête :

« Ce vase [châsse] insigne orné de pierres précieuses et d'or renferme les reliques de saint Gilles. Que celui qui le briserait soit, par Dieu, maudit éternellement, ainsi que par Gilles et tout l'ordre sacré. »

Le toit de la châsse est décoré par-dessus et sur les côtés, à la façon d'écailles de poissons.

Et tout au sommet treize cristaux de roche sont enchâssés, les uns en échiquier, les autres affectant la forme de pommes ou de grenades [1] ; un gros cristal taillé à la façon d'un grand poisson, d'une truite, se dresse, la queue tournée vers le haut.

Le premier de ces cristaux, taillé comme un grand pot, est énorme ; on y a fixé une précieuse croix d'or resplendissante.

Au milieu de la face antérieure de la châsse, dans un cercle d'or, siège Notre-Seigneur, bénissant de la main droite et tenant de la main gauche un livre sur lequel est écrit : « Aimez la paix et la vérité ». Sur le tabouret où reposent ses pieds est une étoile d'or et sur ses flancs deux lettres sont inscrites, l'une à droite, l'autre à gauche ainsi : A Ω, et au-dessus de son trône deux pierres précieuses resplendissent de façon inouïe. Les quatre évangélistes, munis d'ailes, entourent son trône tenant chacun sous les pieds un phylactère où est inscrit, dans l'ordre, le début de chacun de leur évangile. Matthieu a la figure d'un homme, à droite, en haut, et Luc, sous les traits d'un bœuf, se trouve en bas ; Jean, avec la

1. [Cf. Du Cange, s. v. *milgrana, migrana.*]

___

a. *Om. Fita.*
b. *Sic pour* sinistra *ou* leva.

instar bovis habetur, deorsum, et Johannes in effigie aquile ad
levam desuper, et Marcus leonis subter insculpitur ; duo vero angeli juxta tronum [a] dominicum : Cherubim videlicet ad dexteram,
pedes tenens super Lucam, et Seraphim ad levam, pedes [b] similiter tenens super Marcum miro opere sculpuntur. Duo ordines lapi-
dum omnium generum preciosorum, unus in trono quo Dominus
residet per circuitum et alius in horis arce similiter per circuitum,

Fol. 8 *v*º. tres lapides insimul scilicet ob Trinitatis || Dei figuram ibi miro
opere componuntur. Sed quidam inclitus suam immaginem
auream beatissimi confessoris amore, in pede arce, versus altare,
aureis clavis infixit, que ad Dei honorem usque in hodiernum [c]
diem ibi apparet. In alio vero capite arce, retro scilicet, dominica Ascensio sculpitur. In primo ordine sunt sex apostoli, visibus
sursum erectis, Dominum euntem in celum aspicientes, super
quorum capita scripte he littere habentur : *O viri Galilei ! Hic*

Fita 26. *Jhesus qui assumptus est in celum a vobis, sic veniet || quemadmodum
eum vidistis.* In secundo vero gradu, alii sex apostoli eodem
modo stantes sculpuntur, sed et columne auree inter apostolos ex
utraque parte habentur. In tercio gradu, Dominus stat erectus in
trono quodam aureo et duo angeli stantes, unus ad dexteram illius
et alius ad levam, extra tronum manibus ostendunt Dominum
apostolis, singulis manibus sursum elevatis, singulisque deorsum
inclinatis. Et super dominicum caput, extra tronum scilicet, co-
lumba habetur quasi volitans super eum. In quarto vero ordine
superiori [d], Dominus sculpitur in alio trono aureo, et juxta eum
quatuor evangeliste habentur : Lucas scilicet in specie bovis contra
meridianam partem deorsum, et Matheus instar hominis desursum. In alia parte contra septemtrionem est Marcus instar leonis
deorsum et Johannes in modum aquile desursum. Sciendum vero
est quod dominica Magestas que est in trono, non sedet, sed recta

a. thorum *Fita.*

figure d'un aigle, est à gauche et en haut, et Marc, sous l'aspect d'un lion, est sculpté au-dessous ; à côté du trône du Seigneur, il y a deux anges : un chérubin à droite, les pieds au-dessus de Luc et un séraphin à gauche, les pieds de même au-dessus de Marc ; ils sont sculptés de façon remarquable.

Deux rangées de pierres précieuses de tous genres, dont l'une encercle le trône où siège le Seigneur et l'autre borde la châsse tout autour également et trois pierres jointes pour figurer la Trinité divine, forment un ensemble magnifique.

Mais un personnage de marque a fixé par des clous d'or son portrait en orfèvrerie, par amour du saint confesseur, au pied de la châsse du côté de l'autel ; on l'y voit encore aujourd'hui, pour la gloire de Dieu.

Sur une autre face de la châsse, par derrière, l'Ascension du Christ est représentée. Au premier registre six apôtres, les yeux levés, regardent le Seigneur montant au Ciel ; au-dessus de leur tête, ces mots sont écrits : « O hommes de Galilée, ce Jésus qui du milieu de vous est enlevé au Ciel, en reviendra comme vous l'avez vu [1]. »

Au second registre se trouvent les six autres apôtres dans la même attitude, mais des colonnes d'or les séparent de chaque côté. Au troisième registre, le Seigneur se tient dressé sur un trône d'or et deux anges debout, l'un à droite, l'autre à gauche du trône, le montrent aux apôtres, avec leurs mains dont l'une est dirigée vers le haut, l'autre vers le bas.

Et au-dessus de la tête divine, en dehors du trône, est une colombe qui paraît voler au-dessus de lui. Au quatrième registre, tout en haut, Dieu est représenté, sculpté, sur un autre trône d'or, ayant auprès de lui les quatre évangélistes : Luc sous les traits d'un bœuf vers le midi, en bas, et Matthieu sous la figure d'un homme, au-dessus. De l'autre côté, vers le septentrion, est Marc, en bas, sous les traits d'un lion et Jean, en haut, sous ceux d'un aigle. Il faut remarquer que le Dieu de Majesté qui est sur le trône n'est pas assis, mais debout, le dos tourné vers le midi

1. Act. Apost., I, 11.

---

b. pedem *Fita*.
c. hodiernam *Fita*.
d. superiore *Fita*.

est, dorsum tenens versus meridiem et erecto capite aspicit quasi in celum, dextera manu levata sursum, et in leva cruciculam tenet ; et sic ascendit ad Patrem, qui in cacumine arce illum recipit. Itaque beati Egidii confessoris sepultura consistit in qua ejus corpus venerandum honorifice requiescit. Erubescant igitur Ungarii qui dicunt se habere ejus corpus, conturbentur omnino Cammelarii qui somniant se habere ejus integrum corpus, tabescant Sancti Sequanici, qui extollunt se habere ejus caput, revereantur similiter Constanciani Normanni, qui jactant se habere totum ipsius corpus, cum nullo modo ejus ossa sacratissima, ut a multis probatur, queant extra horas ipsius deferri. Quidam enim beati confessoris brachium venerandum extra Egidianam ‖ patriam in horis scilicet longinquis olim ‖ deferre fraudulenter conati sunt, sed nullo modo ire una cum eo valuerunt. Quatuor sunt sanctorum corpora que ab aliquo propriis sarcofagis nullo modo moveri, posse referuntur, ut a multis probatur : beati scilicet Jacobi Zebedei et beati Martini Turonensis et sancti Leonardi Lemovicensis, et beati Egidii, Xpisti confessoris. Traditur quod Philippus, rex Galliorum ᵃ, eadem corpora ad Galliam deferre olim temptavit, sed nullo modo de propriis sarcofagis suis ea movere potuit.

¶ Igitur ᵇ ab his qui per viam Tolosanam ad Sanctum Jacobum

Fol. 9 (CLXI). FITA 27.

a. Galliarum *Fita.*

b. *ici reprend R avec en marge la rubrique* : In vallem Gelloni corpus beati Guillelmi.

---

1. Les *Acta Sanctorum*, septembre, I, p. 286, parlent de la dévotion spéciale qu'avaient les Hongrois à saint Gilles.

2. [Il ne s'agit pas de chameliers, mais des religieux du monastère de Chamalières (Haute-Loire) érigé sous le vocable de Saint-Gilles, comme me l'indique obligeamment M. J. Dufour, de Saint-Étienne] *.

3. L'abbé NICOLAS traduit les *Bourguignons* ; ce sont plus précisément les habitants de Saint-Seine, mais il y a plusieurs Saint-Seine et nous ne

et la tête dressée, il regarde vers le Ciel ; la main droite est levée et de la gauche il tient une petite croix ; c'est ainsi qu'il monte vers son Père, qui, au sommet de la châsse, le reçoit *.

Telle est la tombe du bienheureux Gilles, confesseur, dans laquelle son corps vénérable repose avec honneur. Qu'ils rougissent donc de honte les Hongrois [1] qui prétendent avoir son corps ; qu'ils se troublent les moines de Chamalières [2] qui s'imaginent avoir son corps tout entier ; qu'ils soient confondus les Saint-Séquanais [3] qui se glorifient d'avoir son chef ; et de même que soient troublés de crainte les Normands du Cotentin [4] qui se vantent d'avoir son corps tout entier, car en aucune façon ses ossements sacrés n'ont pu, de l'aveu de beaucoup, être transportés hors de ces lieux. Des gens en effet ont jadis essayé frauduleusement d'emporter le bras vénérable [5] du bienheureux confesseur hors de la patrie de Gilles vers de lointains rivages, mais ils n'ont pu par aucun moyen s'en aller avec lui.

Il y a quatre corps saints qui, dit-on, n'ont jamais pu être enlevés de leurs sarcophages, si l'on en croit de nombreux témoignages : ceux de saint Jacques, fils de Zébédée, du bienheureux Martin de Tours, de saint Léonard du Limousin et du bienheureux Gilles, confesseur du Christ. On raconte que Philippe [6], roi de France, essaya jadis d'emporter ces corps en France, mais il ne put réussir à les faire sortir de leurs sarcophages.

Ceux qui vont à Saint-Jacques par la route de Toulouse doivent rendre visite au corps du bienheureux confesseur Guillaume [7]. Le très

savons quel est celui qui se targuait de posséder les reliques de Saint-Gilles*.

4. L'abbé NICOLAS dit *Constance*, ce qui est inadmissible, mais la collégiale de Saint-Gilles, au diocèse de Coutances, passait pour avoir possédé le corps du saint *.

5. On vénérait à l'église du Saint-Sépulcre de Cambrai les reliques du bras de saint Gilles. Cf. *Acta Sanctorum, ibid.*, p. 289.

6. V. LE CLERC, *Aimeric Picaudi...*, p. 283, propose d'identifier ce Philippe à Philippe-Auguste parce qu'il « jurait par les os, le bras, la lance de saint Jacques » ce qui, chronologiquement, est impossible ; il ne peut s'agir que de Philippe Ier († 1108), mais rien ne prouve que ce roi fit le pèlerinage de Compostelle.

7. Guillaume d'Aquitaine, comte de Toulouse, devenu moine de Gellone († 28 mai 812), après avoir guerroyé contre les Sarrasins ; c'est le héros des romans du cycle de Guillaume d'Orange. Cf. BÉDIER, *Les Légendes épiques*, passim.

tendunt, beati confessoris Guillelmi corpus est visitandum. Sanctissimus namque Guillelmus, signifer egregius, comes Karoli magni regis, extitit non minimum, miles fortissimus, bello doctissimus. Hic urbem Nemausensem ut fertur et Aurasicam aliasque multas xpistiani imperio sua virtute potenti subjugavit, lignumque dominicum apud vallem Gelloni secum detulit, in qua scilicet valle, heremiticam vitam duxit, et beato fine Xpisti confessor in ea honorifice requiescit. Cujus sacra sollempnitas. v. kl. junii colitur [a].

Item in eadem via beatorum martyrum corpora visitanda sunt : Tiberii, Modesti et Florencie qui, tempore Diocleciani, variis tormentis pro Xpisti fide cruciati, martirium compleverunt. Jacent super fluvium Airaudum [b] in obtimo sepulcro, quorum sollempnitas colitur. III. idus novembris.

·Item in eadem via visitandum est corpus dignissimum beati Saturnini, episcopi et martiris, qui in Capitolio Tolose urbis a paganis tentus, tauris acerrimis ac indomitis alligatus, atque a summa Capitolii arce usque ad caput unius miliarii per omnes
FITA 28. gradus lapideos precipitatus, ca-‖-pite conliso, excusoque [c] cerebro, et omni corpore dilaniato dignam Xpisto animam reddidit. Hic juxta urbem Tolosam obtimo loco sepelitur ubi ingens basilica sub ejus honore a fidelibus fabricatur et canonicalis regula beati scilicet Augustini observatur ; et multa beneficia poscentibus a Domino prestantur. Cujus sollempnitas. III. kl. decembris celebratur. ‖

Fol. 9 v⁰. ¶ Item a Burgundionibus et Theutonicis per viam Podiensem ad Sanctum Jacobum pergentibus, corpus sanctissimum est

a. *Le texte de R s'arrête ici pour reprendre à* igitur post beatum **Leonardum** (p. 56).
b. Airandum *Fita*.
c. excusio *corr. en* excuso *C*.

saint porte-enseigne Guillaume était un comte de l'entourage du roi Charlemagne et non des moindres, soldat très courageux, expert dans les choses de la guerre ; c'est lui qui par son courage et sa vaillance soumit, dit-on, les villes de Nîmes et d'Orange et bien d'autres encore à la domination chrétienne et apporta le bois de la croix du Sauveur dans la vallée de Gellone [1], vallée où il mena la vie érémitique et où ce confesseur du Christ, après une fin bienheureuse, repose entouré d'honneur. Sa fête se célèbre le 28 mai.

Sur la même route, il faut rendre visite aux corps des bienheureux martyrs Tibère [2], Modeste et Florence [3] qui, au temps de Dioclétien, souffrirent pour la foi du Christ des tourments variés et subirent le martyre. Ils reposent sur les rives de l'Hérault dans un très beau sépulcre ; on les fête le 10 novembre.

Il faut aussi, sur la même route, aller vénérer le très saint corps du bienheureux Sernin [4], évêque et martyr, qui, retenu par les païens sur le Capitole de la ville de Toulouse, fut attaché à des taureaux furieux et indomptés, puis précipité du haut de la citadelle du Capitole, sur un trajet d'un mille, au long de l'escalier de pierre ; sa tête fut écrasée ; sa cervelle en jaillit et tout son corps ayant été mis en pièces, il rendit dignement son âme au Christ. Il fut enseveli en un bel emplacement près de la ville de Toulouse ; une immense basilique fut construite là par les fidèles en son honneur ; la règle des chanoines de Saint-Augustin y est observée et beaucoup de grâces sont accordées par Dieu à ceux qui les demandent ; sa fête se célèbre le 29 novembre [5].

De même les Bourguignons et les Teutons qui vont à Saint-Jacques par la route du Puy doivent vénérer les reliques de sainte Foy [6], vierge

1. Il y fonda l'abbaye de Saint-Guilhem-le-Désert (Hérault).

2. Ou Thibéry.

3. Ces trois saints d'Agde furent martyrisés le 10 novembre 304. Leurs corps reposaient non pas à Agde même, mais en amont sur l'Hérault, dans l'abbaye bénédictine de Saint-Thibéry, fondée vers 770, détruite à la Révolution. (Cf. *Dict. d'Hist. et de Géogr. eccl.*, t. I, col. 925 sq.)

4. Le récit de ce supplice se retrouve presque textuellement dans la Légende dorée (cf. éd. WYZEWA cit. p. 680).

5. Cf. PERDRIZET, *op. cit.*, p. 265.

6. Sur sainte Foy († à Agen le 6 octobre 303), cf. BOUILLET (A.), *Liber*

visitandum beate Fidis virginis et martiris, cujus animam sanctissimam, corpore a carnificibus decollato, supra [a] montem scilicet urbis Agenni, angelorum chori instar columbe in celestibus detulerunt et immortalitatis laurea eam ornaverunt. Quod ut vidit beatus Caprasius, antistes urbis Agenni, qui rabiem persecucionis evitans latebat in quadam spelunca, animatus ad toleranciam passionis, ad locum quo beata virgo pateretur properavit et martirii palmam fortiter promeruit dimicando, moras etiam persequencium arguendo, Demum beate Fidis, virginis et martiris, corpus preciosissimum in valle que vulgo dicitur Conquas honorifice a xpistianis sepelitur ; super quod basilica obtima a xpistianis fabricatur, in qua ad Domini decus usque hodie beati Benedicti regula summopere custoditur ; incolumibus et infirmis beneficia multa largiuntur ; ante cujus fores obtimus fons ultra quam dici fas est mirabilis habetur ; cujus festivitas. II. non. octobris colitur.

¶ Deinde in via que ad Sanctum Jacobum per Sanctum Leonardum tendit, primitus beate Marie Magdalene corpus dignissimum juste a peregrinantibus venerandum est. Hec enim est illa Maria FITA 29. gloriosa, que in domo Si-‖-monis Leprosi, Salvatoris pedes lacrimis rigavit, capillisque suis tersit, et precioso ungento suo diligenter osculando unxit ; quapropter dimissa sunt ei peccata multa quoniam dilexit multum amatorem universorum, Jhesum Xpistum scilicet, remissorem suum. Hec vero post dominicam Ascensionem a Iherosolimitanis horis cum beato Maximino, Xpisti disci-

a. super *Fita*.

---

miraculorum sancte Fidis... Paris, 1897. MORTET, *Textes...*, I, p. 47-50, a reproduit les passages qui intéressent plus particulièrement l'histoire de l'art.

1. Saint Caprais serait mort le 20 octobre 303. Cf. *Acta Sanctorum*, octobre, VIII, 815 sq.

et martyre, dont l'âme très sainte, après que les bourreaux lui eussent tranché la tête sur la montagne de la ville d'Agen, fut emportée au Ciel par les chœurs des anges sous la forme d'une colombe et couronnée des lauriers de l'immortalité. Quand le bienheureux Caprais [1], évêque de la ville d'Agen, qui, pour fuir les violences de la persécution, se cachait dans une grotte, eut vu cela, trouvant le courage de supporter le martyre, il alla rejoindre le lieu où la vierge avait souffert et gagnant dans un courageux combat la palme du martyre, il alla jusqu'à reprocher à ses bourreaux leur lenteur.

Enfin le très précieux corps de la bienheureuse Foy, vierge et martyre, fut enseveli avec honneur par les chrétiens dans une vallée appelée vulgairement Conques ; on bâtit au-dessus une belle basilique [2] dans laquelle, pour la gloire de Dieu, jusqu'à aujourd'hui la règle de saint Benoît est observée avec le plus grand soin ; beaucoup de grâces sont accordées aux gens bien portants et aux malades ; devant les portes de la basilique coule une source excellente dont les vertus sont plus admirables encore qu'on ne peut le dire. Sa fête se célèbre le 6 octobre.

Ensuite, sur la route qui va à Saint-Jacques en passant par Saint-Léonard, le très saint corps de la bienheureuse Marie-Madeleine [3] doit être d'abord et à juste titre vénéré par les pèlerins. Elle est en effet la glorieuse Marie qui, dans la maison de Simon le Lépreux, arrosa de ses larmes les pieds du Sauveur, les essuya avec ses cheveux et les oignit d'un parfum précieux en les embrassant et c'est pour cela que ses nombreux péchés lui furent remis, parce qu'elle avait beaucoup aimé celui qui aime tous les hommes, Jésus-Christ, son Rédempteur. C'est elle qui, après l'Ascension du Seigneur, quittant les parages de Jérusalem avec

2. Sur cette basilique et ses rapports avec Saint-Jacques de Compostelle, cf. BOUILLET (A.), *Sainte-Foy de Conques, Saint-Sernin de Toulouse, Saint-Jacques de Compostelle. Mémoires de la Société des Antiquaires de France*, t. LIII, 1893, p. 117-128.

3. A Vézelay (Yonne) ; voir sa vie dans la *Légende dorée*, éd. WYZEWA, p. 338-347, l'histoire de l'abbaye et la bibliographie du sujet dans Ch. PORÉE, *L'abbaye de Vézelay*, Paris, Laurens, s. d. Collection des *Petites monographies des grands édifices de la France*. M. Fr. SALET a repris l'étude de la question dans le *Bulletin monumental*, t. XCV, 1936, p. 5-25, *La Madeleine de Vézelay et ses dates de construction* *.

pulo, allisque dominicis discipulis usque ad Provincie patriam per
mare, scilicet per portum Marsilie, pervenit, in qua scilicet patria
celibem vitam per aliquot annos duxit, ac tandem in urbe Aquensi
ab eodem Maximino, ejusdem urbis antistite, sepulturam accepit.
Post multum vero temporis ejus glebam preciosissimam ab ipsa
urbe usque ad Viziliacum, heros quidam monachili vita beatus,
nomine Badilo, translatavit, ubi hono-‖-rifica sepultura usque ad
diem hanc requiescit. In quo etiam loco ingens ac pulcherrima basilica monacorumque abbacia constituitur ; peccatoribus delicta
ipsius amore a Domino dimittuntur, cecis visus redditur, mutorum lingua solvitur, claudi eriguntur, energumini liberantur, et
ineffabilia beneficia multis imperciuntur. Cujus sacra sollempnia
coluntur .XI. kl. augusti.

*fol. 10
CLXII).*

¶ Item visitandum est corpus sacrum beati Leonardi, confessoris,
qui cum Francorum genere esset nobilissimus et in regali curia
nutritus, facinoroso seculo summi Numinis amore abrenuncians,
in Lemovicensibus horis, loco qui vulgo Nualliacus numcupatur,
celibem vitam heremiticam, crebris jejuniis et vigiliis multis, fri-
goribusque nuditatibus ineffabilibusque laboribus diu duxit ; et
tandem in eodem libero predio suo, transitu sacro requievit ; cujus gleba sacra immobilis esse peribetur. Erubescant igitur Corbiniacenses monachi qui dicunt se beati Leo-‖-nardi corpus habere
cum nullo modo vel paucius hos hossium ejus vel pulvis ut pre-
diximus queat moveri. Corbiniacenses vero aliique multi ejus
beneficiis et miraculis ditantur ; sed ipsius corporali presencia frus-
trantur ; qui cum ejus corpus habere non potuissent corpus cujusdam
viri nomine Leotardi quod ab horis Andegavensibus dicunt [a] sibi
afferri in arca argentea repositum, pro sancto Leonardo Lemovicensi

ITA 30.

a. dicitur *Fita*.

1. Voir *Légende dorée*, éd. WYZEWA, p. 583-587, et PERDRIZET, *Calendrier*,
p. 252-253.

le bienheureux Maximin, disciple du Christ, et d'autres disciples de celui-ci, arriva par mer jusqu'au pays de Provence et débarqua au port de Marseille.

Dans ce pays, elle mena pendant plusieurs années la vie érémitique et enfin fut ensevelie dans la ville d'Aix par ce même Maximin devenu évêque de la ville. Mais après un long temps, un certain personnage sanctifié dans la vie monastique, du nom de Badilon, transporta ses précieux restes de cette ville jusqu'à Vézelay où ils reposent aujourd'hui dans une tombe révérée. Dans ce lieu, une grande et très belle basilique et une abbaye de moines furent établies ; les fautes y sont, pour l'amour de la sainte, remises par Dieu aux pécheurs ; la vue est rendue aux aveugles, la langue des muets se délie, les boiteux se redressent, les possédés sont délivrés et d'ineffables bienfaits sont accordés à beaucoup de fidèles. Les solennités de sa fête se célèbrent le 22 juillet.

Il faut aussi rendre visite au saint corps du bienheureux Léonard [1], confesseur, qui, issu d'une très noble famille franque et élevé à la cour royale, renonça par amour du Dieu suprême, au monde criminel et mena longtemps à Noblat [2] en Limousin, la vie érémitique, jeûnant fréquemment, veillant souvent dans le froid, la nudité et des souffrances inouïes. Enfin sur le terrain qui lui appartenait, il reposa après une sainte mort ; ses restes sacrés ne quittèrent pas ces lieux.

Qu'ils rougissent donc de honte les moines de Corbigny [3] qui prétendent avoir le corps de saint Léonard tandis que ni le plus petit de ses os, ni ses cendres n'ont pu en aucune façon, ainsi que nous l'avons dit plus haut, être emportés. Les moines de Corbigny comme bien d'autres gens sont gratifiés de ses bienfaits et de ses miracles, mais ils sont privés de la présence de son corps. N'ayant pu l'avoir, ils vénèrent comme étant celui de saint Léonard le corps d'un certain Léotard qui, disent-ils, leur fut apporté d'Anjou dans une châsse d'argent ; ils ont même changé son propre nom après sa mort comme s'il avait été baptisé une seconde fois ; ils lui imposèrent le nom de saint Léonard afin que par la renommée d'un nom si grand et si célèbre, à savoir celui de saint Léonard

2. Noblat prit par la suite le nom de Saint-Léonard de Noblat (Haute-Vienne).

3. Corbigny (Nièvre), voir la bibliographie du sujet dans Dom COTTINEAU, *Répertoire*, 870-871.

colunt, cui etiam nomen proprium mutantes post obitum quasi esset iterum babtizandus, sancti Leonardi nomen imposuerunt ut oppinione tanti ac famosi nominis, scilicet sancti Leonardi Lemovicensis, peregrini illuc advenirent, et suis oblacionibus illos ditarent ; cujus festum idibus octobris colunt. Prius de sancto Leonardo Lemovicensi sue basilice advocatum fecerunt, deinde alium in loco ejus posuerunt, more servorum emulorum, qui propriam hereditatem a domino suo vi auferunt et alieno indigne tribuunt. Similes etiam malo patri habentur, qui filiam suam a legitimo sponso aufert et alteri tribuit. *Mutaverunt*, inquit

Fol. 10 v°. psalmista, *gloriam suam in similitudinem vituli.* || Talia facientes quidam sapiens corripit dicens : *Non des alienis honorem tuum.* Horatores namque barbari et domestici illuc advenientes, sancti Leonardi Lemovicensis corpus quod diligunt, putant invenire, et alterum pro altero ignorantes repperiunt. Quicumque aput Corbiniacum miracula faciat, tamen beatus Leonardus Lemovicensis captos quamvis a dominio ecclesie illorum sit alienatus, deliberat et ibi adducit. Unde duplici culpa Corbiniacenses religantur, quoniam illum qui suis miraculis illos veneranter [a] ditat minime recognoscunt, nec etiam ejus festa celebrant, sed alterum pro illo inordinate colunt. Beati igitur Leonardi confessoris Lemovicensis ||

FITA 31. famam jam per totum orbem longe lateque divina clemencia expandidit, cujus virtus potentissima innumera captivorum milia a carceribus educit, quorum vincula ferrea ultra quam dici fas est barbara, milia milibus, conjuncta, in ejus basilica, circum circa, ad dexteram et levam, intus et extra, ob tantorum miraculorum testimonium suspenduntur. Ultra quam dici fas est mirareris, si arbores in ea tot ac tantis ferreis barbaris honeratas videres. Ibi enim pendent manice ferree, boie, catene, conpedes, cepti, pedices, vectes, juga, galee, falces et diversa instrumenta, e quibus Xpisti

a. venerantes. *Fita.*

du Limousin, les pèlerins viennent là et les comblent de leurs offrandes. Ils célèbrent sa fête le 15 octobre. D'abord ils avaient fait de saint Léonard du Limousin le patron de leur basilique, puis ils mirent un autre à sa place, à la façon des serfs jaloux qui arrachent à leur maître par la violence son propre héritage et le donnent indignement à un étranger. Ils sont semblables aussi au mauvais père qui enlève sa fille à un époux légitime pour la donner à un autre. « Ils échangèrent, dit le psalmiste, leur gloire contre la figure d'un veau [1]. » Un sage [2] a réprouvé ceux qui agissent ainsi, disant : « Ne livre pas à d'autres ton honneur [3]. » Les dévots étrangers et les fidèles du pays qui vont là-bas croient trouver le corps de saint Léonard du Limousin qu'ils aiment, et, sans le savoir, c'est un autre qu'ils trouvent à sa place. Qui que ce soit qui accomplisse des miracles à Corbigny, c'est cependant le bienheureux Léonard du Limousin qui délivre les captifs, quoiqu'il ait été supplanté dans le patronage de cette église et c'est lui qui les amène là. C'est pourquoi les gens de Corbigny sont coupables d'une double faute car ils ne reconnaissent pas celui qui, libéralement, les favorise de ses miracles et ils ne célèbrent même pas sa fête, mais rendent hommage, dans le désordre, à un autre à sa place.

La clémence divine a donc déjà répandu au loin à travers le monde entier la gloire du bienheureux confesseur Léonard du Limousin et sa puissante intercession a fait sortir de prison d'innombrables milliers de captifs ; leurs chaînes de fer, plus barbares qu'on ne peut le dire, réunies par milliers, ont été suspendues tout autour de sa basilique [4], à droite et à gauche, au dedans et au dehors, en témoignage de si grands miracles. On est surpris plus qu'on ne peut l'exprimer en voyant les mâts qui s'y trouvent chargés de tant et de si grandes ferrures barbares. Là en effet sont suspendus des menottes de fer, des carcans, des chaînes, des entraves, des engins variés, des pièges, des cadenas, des jougs, des casques, des faux et des instruments divers dont le très puissant confesseur du

1. Ps., CV, 20.
2. C'est Salomon à qui est attribué le livre des Proverbes.
3. Prov., V, 9.
4. Voir dans le *Congrès archéologique de Limoges* (1921), p. 89-116, la longue notice consacrée par René FAGE à cette église.

confessor potentissimus captos sua potenti virtute liberavit. Mirum est de illo quia in humana forma visibiliter vinctis in ergastulis trans mare etiam usus est apparere, ut ipsi testantur quos liberavit Dei virtute. Pulcre per eum adimpletur quod divinus vates olim vaticinavit dicens : *Sedentes in tenebris et umbra mortis, vinctos in mendicitate et ferro, sepe* [a] *liberavit eos. Et clamaverunt ad eum cum tribularentur et de necessitatibus eorum liberavit eos. Suscepit eos de via iniquitatis eorum, quia contrivit portas ereas et vectes ferreos confregit ; ligatos in compedibus et nobiles multos in manicis ferreis hic liberavit.* Traduntur etiam xpistiani vincti sepe in manus [b] gentilium ut Boamundus et dominati sunt eorum qui oderunt eos et tribulaverunt eos inimici eorum et humilitati sunt sub manibus ‖

Fol. 11. (CLXIII).

eorum ; sed hic sepe liberavit eos et eduxit illos de tenebris et umbra mortis et vincula eorum disrupit. Hic dicit his qui vincti sunt : *Exite* et his qui in tenebris sunt : *Revelamini.* Cujus sacra sollempnia coluntur .VIII. idus novembris.

Fita 32.

❡ Igitur [c] post beatum Leonardum apud urbem Petragoricas visitandum est corpus beati Frontonis, episcopi et ‖ confessoris, qui Rome a beato Petro apostolo vice pontificali ordinatus, cum quodam presbitero nomine Georgio, ad predicandam urbem eandem mittitur ; qui cum simul perrexissent, mortuo Georgio in itinere et sepulto, reversus ad apostolum beatus Fronto necem socii sui nunciavit ; cui beatus Petrus baculum tradidit dicens : *Cum hunc baculum meum posueris super socii tui corpus, ita dices : « Per illam obedienciam quam ab apostolo accepisti, in Xpisti nomine*

a. spe *Fita.*
b. manum *Fita.*
c. *Le texte de R reprend ici précédé de la rubrique* : Miraculum beati Frontonis.

---

1. Cette citation est empruntée librement aux Psaumes CVI, 10, 13, 16, 17 et CXLIX, 8.

Christ a, par sa puissance, délivré les captifs. Ce qui est remarquable en lui c'est que, sous une forme humaine visible, il a coutume d'apparaître à ceux qui sont enchaînés dans les ergastules, même au delà des mers, comme en témoignent ceux que par la puissance divine il a délivrés. Par lui est accompli à merveille ce que jadis le divin prophète avait annoncé disant : « Souvent il a délivré ceux qui sont assis dans les ténèbres et dans l'ombre de la mort et ceux qu'enchaînent la misère et les fers. Et ils l'ont invoqué tandis qu'ils étaient dans la tribulation et il les a délivrés de leurs souffrances. Il les a retirés du chemin de l'iniquité, car il a écrasé les portes d'airain et brisé les barres de fer et il a délivré ceux qui avaient des entraves aux pieds et beaucoup de grands personnages qui portaient des menottes de fer [1]. » Souvent en effet des chrétiens étaient remis, enchaînés, aux mains des gentils, comme Bohémond [2] et ils ont été esclaves de ceux qui les haïssent et leurs ennemis leur ont fait subir des tribulations et ils ont été humiliés sous leur main. Mais celui-ci souvent les a délivrés et il les a fait sortir des ténèbres et de l'ombre de la mort et il a rompu leurs chaînes. Il a dit à ceux qui étaient enchaînés : « Sortez », et à ceux qui étaient dans les ténèbres : « Venez au jour. » Sa fête se célèbre le 6 novembre.

Après saint Léonard, il faut rendre visite dans la ville de Périgueux au corps du bienheureux Front [3], évêque et confesseur qui, sacré évêque à Rome par l'apôtre saint Pierre fut envoyé avec un prêtre du nom de Georges pour prêcher dans cette ville.

Ils étaient partis ensemble, mais Georges étant mort en route et ayant été enseveli, le bienheureux Front revint auprès de l'apôtre et lui annonça la mort de son compagnon. Saint Pierre alors lui remit son bâton [4], disant : « Lorsque tu auras posé ce mien bâton sur le corps de ton compagnon, tu diras : « En vertu de la mission que tu as reçue de l'Apôtre,

2. Bohémond, fils de Robert Guiscard, prince d'Antioche († 1111), fut prisonnier des Infidèles en Orient.

3. Il existe une bonne monographie de son église par le chanoine J. Roux, *La basilique Saint-Front de Périgueux*, 1920. Saint Front aurait été, au 1er siècle, le premier évêque de la ville.

4. Il existe « au musée du Périgord, un bas-relief, fort usé, représentant saint Pierre donnant à saint Front le bâton pastoral et qui décorait le pignon de la façade [de l'église du XIe siècle] ». Cf. M. Aubert, *L'église Saint-Front*, dans le *Congrès archéologique de Périgueux*, 1927.

surge et comple illam ». Sicque agitur. Per apostoli baculum beatus Fronto in itinere socium de morte recepit et prefatam urbem sua predicacione ad Xpistum convertit, miraculisque multis perlustravit, et digno obitu in ea, in basilica scilicet que sub ejus nomine operatur, sepulturam accepit, in qua Deo largiente, multa beneficia poscentibus prestantur. Traditur tamen a quibusdam ex collegio Xpisti discipulorum illum fuisse. Cujus sepulcrum cum nullis aliis sanctorum sepulcris consimile sit, rotundum tamen ut dominicum sepulcrum studiosissime fit, et cuncta ceterorum sanctorum sepulcra pulcritudine miri operis excellit. Cujus sacra sollempnitas colitur .VIII. kl. novembris.

¶ Rursum [a] his qui per viam Turonensem ad Sanctum Jacobum tendunt, in urbe Aurelianensium lignum dominicum et calix beati Evurcii, episcopi et confessoris, in ecclesia Sancte ✛ [b] visitandum est. Dum enim beatus Evurcius quadam die missam celebraret, apparuit super altare in altum dominica dextera humanitus videntibus illis qui aderant, et quicquit presul super altare operabatur, et ipsa. Dum presul faciebat super panem et calicem crucis signum, faciebat et ipsa similiter. Cumque panem vel calicem ipse sursum levabat et ipsa Dei manus ‖ verum panem et calicem similiter levabat. Peracto itaque sacrificio, disparuit salvatrix ‖ illa manus piissima. Unde datur intelligi [c] : quisquis enim missam canit, ipse Xpistus eam cantat. Hinc beatus Fulgencius doctor ait : *Non homo est qui proposita corpus Xpisti et sanguinem facit, sed ille qui crucifixus pro nobis est, Xpistus.* Et beatus Isidorus sic ait : *Nec propter bonitatem boni sacerdotis fit melior, nec propter*

FITA 33.
Fol. 11 *v⁰*.

a. *Ce paragraphe est précédé dans R de la rubrique* : Miraculum beati Eurici.

b. crucis *Fita* ; *C et R ont le dessin d'une croix.*

c. unde datur quod quandocumque intelligi quis (*un mot effacé*) missam canit *R*.

lève-toi au nom du Christ et accomplis-la. » Ainsi fut fait ; grâce au bâton de l'Apôtre, le bienheureux Front recouvra en route son compagnon revenu de l'autre monde et convertit la ville au Christ par sa prédication ; il s'illustra par de nombreux miracles et étant mort saintement là-bas, fut enseveli dans la basilique élevée en son nom et où, par la munificence divine, de nombreux bienfaits sont accordés à ceux qui les sollicitent. Certains racontent même qu'il avait fait partie du collège des disciples du Christ. Son tombeau [1] ne ressemble à aucune sépulture d'autres saints ; en effet, il a été construit avec soin en forme de rotonde comme le Saint Sépulcre et il surpasse par la beauté de son œuvre toutes les tombes des autres saints. Sa fête est célébrée solennellement le 25 octobre.

Revenant en arrière, nous engagerons ceux qui vont à Saint-Jacques par la route de Tours, à aller voir à Orléans le bois de la Croix et le calice de saint Euverte, évêque et confesseur, dans l'église Sainte-Croix [2].

Un jour que saint Euverte disait la messe, la main de Dieu apparut au-dessus de l'autel, en l'air, sous une apparence humaine, aux yeux des assistants, et tout ce que le pontife faisait à l'autel, la main divine le faisait également ; quand il traçait sur le pain et le calice le signe de la croix, la main le traçait de même ; quand il élevait le pain et le calice, la main divine élevait également un vrai pain et un calice. Le saint sacrifice terminé, la très sainte main du Sauveur disparut. D'après cela nous devons comprendre que tandis que chaque prêtre chante la messe, le Christ la chante lui-même.

C'est pourquoi le saint docteur Fulgence dit : « Ce n'est pas l'homme qui offre le sacrifice du corps et du sang du Christ, mais celui-là même qui a été crucifié pour nous, Jésus-Christ. » Et saint Isidore s'exprime

---

1. Ce tombeau exécuté en 1077 par Guinamond, moine de la Chaise-Dieu, grâce à la générosité du chanoine Itier, fut détruit en 1575 par les protestants ; il en reste des fragments au musée du Périgord. M. AUBERT, *art. cité*, p. 53, n. 3, en emprunte la description suivante au *Livre rouge* des Archives municipales : « lequel était édifié en rond, couvert d'une voûte faite en pyramide, et tout le dehors estoit entaillé de figures de personnes à l'antiquité et de monstres, de bêtes sauvages de diverses figures, de sorte qu'il n'y avait pierre qui ne fût enrichie de quelque taille belle et bien tirée et plus recommandable pour la façon fort antique ».

2. Voir G. CHENESSEAU, *Sainte-Croix d'Orléans*, 2 vol., Paris, 1921.

maliciam mali fit pejor. Prefatus calix ex more semper poscentibus tam domesticis quam barbaris fidelibus in ecclesia Sancte Crucis ad communicandum preparatur. Item in eadem urbe beati Evurcii, episcopi et confessoris, corpus visitandum est. Item in eadem urbe, in ecclesia Sancti Samsonis, cultrum [a] qui ad cenam dominicam veraciter extitit, visitandum est.

¶ Item [b] in eadem via super Ligerum, beati Martini episcopi et confessoris corpus dignum visitandum est. Hic vero trium mortuorum suscitator magnificus esse perhibetur, et leprosos, energuminosque, devios, lunaticos et demoniacos, ceterosque languidos obtate saluti reddidisse fertur. Sarcofagum namque quo sacratissima ejus gleba juxta urbem Turonicam requiescit, argento et auro inmenso, lapidibusque preciosis fulget, et crebris miraculis elucet. Super quem ingens basilica veneranda sub ejus honore ad similitudinem scilicet ecclesie beati Jacobi miro opere fabricatur, ad quam veniunt egri et sanantur, demoniaci liberantur, ceci illuminantur, claudi eriguntur et omne morborum genus curatur, omnibusque poscentibus digne levamen funditus prestatur ; quapropter ejus fama gloriosa dignis preconiis ubique ad Xpisti decus divulgatur. Cujus festivitas celebratur .iii. idus novembris.

FITA 34.

¶ Inde beati Ylarii episcopi et confessoris corpus sanctis-‖-simum in Pictava urbe visitandum est. Hic inter cetera miracula Dei vir-

a. cultellus *R.*

b. *Ce paragraphe ainsi que les suivants manquent dans R ; la copie reprend après la passion de saint Eutrope.*

1. L'abbaye de Saint-Euverte qui conservait les restes de saint Euverte, était hors de la ville. Cf. Abbé BERNOIS, *Histoire de l'Abbaye royale de Saint-Euverte d'Orléans*, 1918, et la notice consacrée à cette église par le chanoine Chenesseau dans le *Congrès archéologique d'Orléans* (1930).

2. Sur Saint-Samson, collégiale à Orléans, voir *Gallia Christiana*, VIII, 1516.

3. DU CANGE, s. v. cultrum. 2. *patella.*

4. Sur l'église Saint-Martin de Tours, aujourd'hui détruite, voir R. DE

en ces termes : « Ce n'est pas à cause de la sainteté d'un saint prêtre que le sacrifice est meilleur, ni en raison de la malice d'un mauvais qu'il est moins bon. »

Ce calice est en général toujours à la disposition des fidèles qui le demandent pour communier, à l'église Sainte-Croix, que ce soit des gens du pays ou des étrangers.

Dans cette même ville [1], il faut aussi aller vénérer les reliques du bienheureux Euverte, évêque et confesseur et il faut aller voir dans cette même ville à l'église Saint-Samson [2], la patène [3] qui a véritablement servi à la Cène.

On doit également sur cette route rendre visite, sur les bords de la Loire, au vénérable corps de saint Martin évêque et confesseur. C'est là qu'il est, lui qui ressuscita glorieusement trois morts et rendit à la santé qu'ils souhaitaient, lépreux, énergumènes, infirmes, lunatiques et démoniaques ainsi que d'autres malades.

La châsse où ses précieux restes reposent auprès de la ville de Tours, resplendit d'une profusion d'or, d'argent et de pierres précieuses, elle est illustrée par de fréquents miracles. Au-dessus, une immense et vénérable basilique a été élevée en son honneur magnifiquement, à l'image de l'église de Saint-Jacques [4]. Les malades y viennent et y sont guéris, les possédés sont délivrés, les aveugles voient, les boiteux se redressent et tous les genres de maladie sont guéris et tous ceux qui demandent des grâces reçoivent un réconfort total ; c'est pourquoi la renommée de sa gloire est répandue partout par de justes panégyriques, à l'honneur du Christ. Sa fête se célèbre le 11 novembre.

Après, c'est le très saint corps du bienheureux Hilaire [5], évêque et confesseur, qu'il faut visiter dans la ville de Poitiers. Entre autres

LASTEYRIE, L'architecture religieuse en France à l'époque romane, 2ᵉ éd., revue par Marcel AUBERT, 1929, passim. — A propos du livre de GÓMEZ MORENO, El arte romanico español, Madrid, 1934, Georges GAILLARD a fait une très judicieuse mise au point des rapports entre les églises de Saint-Jacques de Compostelle et de Saint-Martin de Tours, Les commencements de l'art roman en Espagne, dans Bulletin hispanique, 1935, p. 300-301 et n. 37.

5. L'histoire de saint Hilaire se trouve dans la Légende dorée, voir éd. Wyzewa, p. 79-81 ; elle tient une grande place dans l'iconographie chrétienne. Cf. PERDRIZET, Calendrier, p. 77, E. MÂLE, XIIᵉ siècle, 204-207.

tute plenus, arrianam heresim devincens, unitatem fidei docuit colere, cujus sacra documenta Leo [a] hereticus ferre non valens, egressus a concilio super latrinam ventre corruptus per semet-ipsum turpiter obiit. Huic insuper in consilio sedere cupienti, terra subter eum elevans sedem prestitit ; hic seras valvarum concilii sola voce fregit ; hic ob catholicam fidem quadriennio exilio apud Frisiam [b] in insula ‖ quadam religatus fuit ; hic ser-pentium habundantiam suo imperio fugavit ; hic matri flenti in Pictava urbe reddidit natum, gemina morte ante gravatum. Ipsius vero sepultura qua ejus sacratissima ossa veneranda requiescunt, nimio auro et argento lapidibusque preciosissimis decoratur, ejusque baselica ingens et obtima crebris miraculis veneratur. Cujus sacra sollempnia coluntur idibus januarii.

Fol. 12 (CLXIV).

　　Item visitandum est beati Johannis Babtiste venerandum caput quod per manus quorumdam religiosorum virorum a Jherosoli-mitanis horis usque ad locum qui nuncupatur Angelicus, in terrram scilicet Pictavorum, defertur ; ubi ingens basilica sub ejus vene-ratione miro opere componitur, in qua idem caput sanctissimum a centeno monachorum choro, die noctuque veneratur, innume-risque miraculis clarificatur ; quod etiam caput dum deportaretur in mari et in [c] terra dedit signa innumera. In mari enim multa marina pericula fugavit, et in terra ut ejus translationis codex refert, quos-dam mortuos ad vitam reduxit. Quapropter creditur veraciter illud esse capud precursoris venerandi. Cujus inventio sexto kl. marcii agitur, tempore Marciani principis, quando idem Precursor duobus monachis locum quo ejus caput celatum jaceret, primum revelavit ‖.

　　a. Leo *écrit en interligne au-dessus de* Arrius *exponctué* C ; documenta ille Arrius haereticus *Fita*.
　　b. Phrygiam *Fita*.
　　c. *Fita om.* in.

miracles, ce saint, rempli de la grâce divine, abattit l'hérésie arienne et maintint l'unité de la foi. Mais Léon [1], l'hérétique, ne voulant pas accepter ce saint enseignement, sortit du concile, et dans les latrines, pris d'un flux de ventre, alla mourir honteusement. C'est pour saint Hilaire, qui désirait siéger au concile que la terre se souleva miraculeusement, lui fournissant un siège. C'est lui qui, par la seule force de sa voix, brisa les serrures qui fermaient les portes du concile. C'est lui qui, exilé pour la foi catholique, fut relégué quatre années dans une île de Frise [2]. Là, il mit en fuite par sa puissance d'innombrables serpents ; c'est lui qui, à Poitiers, rendit à une mère en pleurs son enfant frappé prématurément d'une double mort [3].

Aussi le tombeau où reposent ses vénérables et très saints ossements est-il décoré à profusion d'or, d'argent et de pierres précieuses ; sa grande et belle basilique est favorisée par de fréquents miracles. On célèbre sa fête solennellement le 13 janvier.

Il faut aller voir aussi le chef vénérable de saint Jean-Baptiste qui fut apporté par des religieux depuis Jérusalem jusqu'en un lieu appelé Angely [4] en pays poitevin ; là une grande basilique fut construite magnifiquement sous son patronage ; le très saint chef y est vénéré nuit et jour par un chœur de cent moines et s'illustre par d'innombrables miracles. Tandis qu'on le transportait par terre et par mer, ce chef se signala par de nombreux prodiges. Sur mer, il chassa bien des tempêtes et sur terre, si l'on en croit le livre de sa translation, il rendit la vie à plusieurs morts ; aussi croit-on que c'est bien là véritablement le chef du vénéré Précurseur. Son invention eut lieu le 24 février, au temps de l'empereur Marcien quand le Précurseur révéla tout d'abord à deux moines l'endroit où sa tête gisait cachée.

1. L'erreur de lecture de FITA est manifeste ; il n'est pas question d'Arius dans la légende mais d'un prétendu pape du nom de Léon qui se serait laissé gagner par l'hérésie arienne et aurait réuni ce concile pendant lequel il mourut et où Hilaire ramena les évêques à la foi catholique. Jacques DE VORAGINE laisse déjà entendre que cette histoire est apocryphe.

2. Le manuscrit de Saint-Jacques situe cette île en Frise, FITA corrige [avec raison] en Phrygie ; la légende dorée dit l'île Gallibaria que Wyzewa place en Méditerranée près d'Alassio.

3. L'enfant, étant mort sans baptême, avait perdu à la fois la vie de l'âme et celle du corps.

4. Voir à ce sujet *Gallia Christiana*, II, 1096 sq.

FITA 35. ¶ Via Sancti Jacobi in urbe Sanctonensium, beati Eutropii episcopi et martiris corpus digne peregrinantibus visitandum est. Sanctissimam cujus passionem beatus Dionisius, consocius ejus ac Parisiorum presul, litteris grecis scripsit et parentibus suis in Grecia qui jam in Xpisto credebant, per manum beati Clementis pape misit. Quam scilicet passionem Constantinopolim ᵃ in scola Grecorum, quodam codice passionum plurimorum sanctorum martirum olim repperi, et ad decus Domini nostri Jhesu Xpisti ejusque gloriosi martiris Eutropii de greco in latinum, prout potui, edidi. Et ita incipiebat :

¶ Dionisius Francorum antistes, prosapia Grecus, reverentissimo
Fol. 12 v°. pape Clementi salutem in Xpisto. Eutropium ‖ quem mecum in his horis ad predicandum Xpisti nomen misistis, martirii coronam per manus gentilium, apud Sanctonas urbem, vobis notificamus pro Domini fide accepisse. Quapropter paternitatem vestram humiliter exoro ut hunc passionis ejus codicem consanguineis meis, notis et amicis fidelibus in Grecie horis, Athenis precipue, quam cicius poteritis mittere non differatis, quatinus illi ceterique qui a beato Paulo apostolo, nove regenerationis lavacrum una mecum olim acceperunt, cum audierint gloriosum martirem pro Xpisti fide crudelem necem subisse, gaudeant tribulationes et angustias pro Xpisti nomine se sustulisse. Et si forte a gentilium furore illis aliquod martirii genus illatum fuerit, accipere pacienter pro Xpisto discant, nec etiam a modo formident. Omnes enim qui volunt pie vivere in Xpisto, necesse est ut ab impiis et dissimilibus opprobria paciantur et despiciantur tamquam insani et stulti. Quia per multas tribulationes nos oportet introire in regnum Dei. ‖

FITA 36.
Corpore longinquus,
Votis animoque propinquus,
Nunc tibi dico vale
Quod sit tibi perpetuale.

Sur le chemin de Saint-Jacques, à Saintes, les pèlerins doivent dévotement rendre visite au corps du bienheureux Eutrope, évêque et martyr [1]. Sa très sainte passion a été racontée en grec par son compagnon saint Denis, évêque de Paris, qui envoya ce récit par l'entremise du pape saint Clément, en Grèce, à ses parents déjà convertis au Christ. Cette passion [2], je l'ai jadis retrouvée à Constantinople, à l'école grecque, dans un livre où se trouvent les passions de plusieurs saints martyrs et, pour la gloire de Notre-Seigneur Jésus-Christ et de son glorieux disciple Eutrope, martyr, je l'ai traduite de mon mieux du grec en latin, Elle commençait ainsi :

Denis, évêque des Francs, mais Grec de race, au très révérend pape Clément, salut dans le Christ. Nous vous faisons savoir qu'Eutrope, que vous aviez envoyé avec moi dans ces parages pour prêcher le nom du Christ, a reçu la couronne du martyre des mains des gentils à Saintes, pour la foi du Seigneur. C'est pourquoi je prie humblement votre paternité d'envoyer ce livre de sa passion à mes parents, à mes connaissances et à mes amis fidèles, le plus tôt que vous le pourrez en Grèce et en particulier du côté d'Athènes afin qu'eux-mêmes et les autres qui jadis avec moi ont reçu de saint Paul le baptême d'une nouvelle régénération, en apprenant que ce glorieux martyr a subi pour la foi du Christ une mort cruelle, se réjouissent de souffrir pour son nom des tribulations et des tourments. Et si par hasard la fureur des gentils leur infligeait quelque genre de martyre, ils apprendraient à le subir patiemment pour le Christ et à ne pas le redouter. Tous ceux en effet qui veulent vivre pieusement dans le Christ, doivent supporter les opprobres des impies et des hérétiques et les mépriser comme des fous et des insensés, car il nous faut subir de nombreuses tribulations pour entrer dans le royaume de Dieu.

Éloigné de vous matériellement, mais tout près par mes désirs et par mon âme, je vous dis maintenant adieu pour l'éternité.

---

1. Voir sur la diffusion du culte de saint Eutrope, PERDRIZET, *Calendrier...*, p. 125-126.
2. Consulter à ce sujet *Acta Sanctorum*, avril, III, 734.

---

a. Constantinopoli *Fita*.

Incipit passio beati Eutropii Sanctonensis episcopi et martiris

¶ Gloriosissimus namque Xpisti martir Eutropius, Sanctonensis antistes venustus, gentili genere Persarum editus, excellentiori prosapia totius mundi extitit oriundus, quem Babilonis admirandus, nomine Xerses, ex Guiva regina generavit humanitus. Nullus eo esse potuit genere sublimior, nec fide et opere post conversionem humilior. Qui cum in pueritia litteris caudaicis [a] et grecis edoctus esset, atque heroes summos totius regni prudentia et curiositate equipararet, si forte in ejus curia, vel curiosior eo, vel aliquid barbarum esset, perspicere [b] desiderans, Herodem regem in Galilea adiit. In cujus curia dum per aliquot dies mansisset, audita Salvatoris miraculorum fama, de urbe in civitate illum quesivit, quem abeuntem trans mare || Galilee quod est Tiberiadis cum innumeris populorum turbis que eum [c] sequebantur, videntes signa que faciebat consecutus est. Tunc divina disponente gracia, contigit die illa quod Salvator sua ineffabili largitate, de quinque panibus et duobus piscibus hominum quinque milia illo adstante saciavit. Viso hoc miraculo, juve-||-nis Eutropius ac fama ceterorum miraculorum ejus audita in eo aliquantulum jam credens, loqui ei desiderans, nec audebat, quia Nicanoris, ejus pedagogi, districtionem [d] formidabat, cui admirandus pater ejus ad custodiendum illum tradiderat. Saciatus [e] tamen pane dominice gracie, Jherosolimam perrexit, et adorato Creatore in templo, gentili more, remeavit ad patris sui domum. Et cepit ei enarrare cuncta que in patria unde venerat, diligenter viderat. *Vidi*, inquit, *hominem qui dicitur Xpistus cui in toto mundo similis nequit inveniri. Mortuis vitam, leprosis emundationem, cecis visum, surdis auditum, claudis pristinam virtutem, omnibusque generibus infirmorum sanitatem ipse*

Fol. 13 (CLXV).

FITA 37.

a. chaldaicis *Fita*.

Ici commence la passion du bienheureux Eutrope de Saintes,
évêque et martyr.

Eutrope, le très glorieux martyr du Christ, l'affable évêque de Saintes,
issu d'une noble famille de Perse, descendait de la race la plus excellente
du monde entier : l'émir de Babylone, nommé Xersès, et la reine Guiva
l'avaient engendré selon la chair. Nul n'a pu être d'un rang plus élevé,
ni après sa conversion d'une humilité plus grande, par la foi et les œuvres.
Tandis que tout jeune encore il étudiait les lettres chaldéennes et grecques
et se montrait l'égal des plus grands personnages de tout le royaume par
sa sagesse et la curiosité de son esprit, il désira voir si à la cour du roi
Hérode il y aurait des choses curieuses ou étranges et il se rendit auprès
de lui en Galilée ; étant resté plusieurs jours à la cour de ce roi, et le bruit
des miracles du Sauveur étant parvenu à ses oreilles, il le chercha de
ville en ville et comme celui-ci s'en était allé au delà de la mer de Galilée,
qui s'appelle Tibériade, avec la foule innombrable des gens qui, attirés
par ses miracles, le suivaient, il se mit aussi à le suivre.

Or par un effet de la grâce de Dieu, il arriva le jour où le Sauveur dans
sa générosité ineffable, rassasia avec cinq pains et deux poissons les
cinq mille hommes qui étaient auprès de lui ; voyant ce prodige, le jeune
Eutrope, qui avait entendu le récit de ses autres miracles et déjà croyait
un peu en lui, désira lui parler mais il n'osait pas car il craignait les réprimandes
de Nicanor, son maître, que l'émir son père avait commis à sa
garde. Nourri cependant du pain de la grâce divine, il alla à Jérusalem
et après avoir adoré le Créateur dans le temple, à la façon des gentils,
il revint à la maison de son père. Et il se mit à lui raconter tout ce
qu'il avait vu avec attention dans le pays d'où il venait : « J'ai vu, dit-il
un homme qui est appelé le Christ et qui dans tout le monde n'a pas
son pareil. Il rend la vie aux morts, il purifie les lépreux, donne la vue
aux aveugles, l'ouïe aux sourds, rend aux infirmes leur ancienne vigueur
et donne la santé aux malades de toutes sortes. Qu'ajouterais-je ? Sous

---

b. prospicere *Fita*.
c. cum *C*.
d. distinctionem *Fita*.
e. satiatur *Fita*.

prebet. Quid plura ? Quinque hominum milia de quinque panibus et duobus piscibus, me vidente, saciavit. De fracmentis vero, duodecim cophinos ejus clientes impleverunt. Fames, tempestas, mortalitas, horis quibus moratur, locum habere nequivit. Si jam illum celi terreque creator in nostra regione mittere dignaretur, utinam tua gracia illi honorificentiam exiberet ! Admirandus vero hec et his similia a puero auscultans, diligenter tacitus cogitabat, qualiter eum videre posset. Post exiguum vero tempus, vix a rege impetrata licentia, puer Dominum videre denuo desiderans, Jherusalem adiit causa adorandi in templo. Et erant cum eo Warradac, dux exercituum, et Nicanor, regis dapifer, pueri pedagogus, ceterique multi nobiles, quos illi admira[n]dus tradiderat ad custodiendum. Qui cum regressus a templo die quadam, Domino revertenti a Bethania, ubi Lazarum resuscitaverat, inter valvas Jherosolimitanas confluentibus undique turbis innumeris obviaret, [a] videns

FITA 38.
Fol. 13 *v°*.

Ebreorum pueros ceterasque gentium phalanges, obviam ‖ ei exeuntes, ‖ palmarum et olivarum ceterarumque arborum flores et frondes, per viam qua iturus erat sternentes, ac *Osanna filio David* clamantes, ultra quam dici fas est, gavisus, cepit diligenter ante eum sternere flores. Tunc a quibusdam didicit quod ipse Lazarum quatriduanum a mortuis suscitaverat, magisque letatus est. Sed quia ad plenum Salvatorem tunc videre pre nimia multitudine turbarum circumfluentium non poterat, valde cepit contristari. Erat enim ipse cum his de quibus testificat Johannes in evangelio suo dicens : *Erant autem gentiles quidam ex his qui venerant ut adorarent in die festo. Hi accesserunt ad Philippum qui erat a Bethsaida civitate, et dixerunt ei : « Domine, volumus Jhesum videre ».* Quod Philippus, Andree sociatus, Domino nunciavit et statim beatus Eutropius una cum suis aseclis illum palam vidit, et valde letatus in eum credere occulte cepit. Tandem illi penitus sociatus est, sed sociorum sententiam quibus pater ultra modum preceperat, ut

mes yeux il a nourri cinq mille hommes avec cinq pains et deux poissons ; avec les restes, ses compagnons ont rempli douze corbeilles. Il
chasse la famine, les intempéries, la mortalité, des lieux où il se trouve.
Si jamais le Créateur du Ciel et de la terre daignait l'envoyer dans notre
pays, puisses-tu dans ta bienveillance lui rendre beaucoup d'honneur ! »
Et l'émir entendant l'enfant lui dire ces paroles et d'autres semblables,
se demandait, tout en se taisant, comment il pourrait bien voir cet
homme. Après un peu de temps, à peine ayant obtenu du roi l'autorisation, l'enfant qui désirait revoir Notre-Seigneur, s'en alla à Jérusalem pour faire ses dévotions dans le temple. Il y avait avec lui Warradac,
le chef des armées et Nicanor, le sénéchal du roi, précepteur de l'enfant
et beaucoup d'autres nobles que l'émir avait envoyés pour le garder. A
son retour du temple, un jour, il vit Notre-Seigneur revenant de Bétha-
nie où il avait ressuscité Lazare ; une foule innombrable affluait par les
portes de Jérusalem, au devant de lui ; en voyant les enfants des Hé-
breux et la multitude de gens d'autres nations qui allaient vers lui et
qui répandaient des fleurs et des rameaux de palmiers, d'oliviers et
d'autres arbres sur le chemin qu'il allait suivre, s'écriant : « Hosanna
au fils de David », Eutrope se réjouit plus qu'on ne peut le dire et se mit
lui aussi à jeter avec empressement des fleurs sur ses pas. Alors des gens
lui apprirent que le Christ avait ressuscité Lazare mort depuis quatre
jours et il s'en réjouit beaucoup. Mais comme il ne pouvait pas à ce moment voir très bien le Sauveur, à cause de la trop grande multitude des
gens qui accouraient en foule, il commença à se sentir tout triste.

Il se trouvait en effet avec ceux de qui Jean porte témoignage dans
son évangile, disant : « Or il y avait des gentils parmi ceux qui étaient
venus pour l'adorer en ce jour de fête. Ils s'adressèrent à Philippe qui
était de la ville de Bethsaïde et lui dirent : « Seigneur, nous voudrions
bien voir Jésus. » Alors Philippe, s'étant joint à André, alla le dire au
Seigneur et aussitôt le bienheureux Eutrope avec ses compagnons le vit
face à face et s'étant réjoui beaucoup, commença à croire en lui en secret. Enfin, il s'attacha à lui tout à fait, mais il craignait la réprobation

---

a. obviare *Fita*.

eum fortiter custodirent, et ad se reducerent formidabat. Tunc
didicit a quibusdam quod Judei Salvatorem in proximo essent
occisuri, tanti viri necem videre renuens, die crastina a Jheroso-
limis recessit. Itaque ad patrem suum regressus, cuncta que in
Jherosolimitanis horis de Salvatore viderat, cunctis in patria sua
ordine enarravit. Tunc Babilone paululum commoratus, Salvatori
omnino adherere cupiens, eumque adhuc vivere corporaliter putans,
cum quodam scutigero, nesciente patre, post dies quadraginta
quinque Jherosolimam denuo regreditur. Mox ut Dominum quem
occulte diligebat cruce passum, et a Judeis occisum fuisse audivit,
valde doluit. Cumque a mortuis illum surrexisse, ac discipulis

FITA 39. apparuisse celosque cum ‖ magno triumpho ascendisse didicerit [a],
valde cepit letari. Demum die Pentecostes, dominicis discipulis
sociatus, diligenter ab eis didicit qualiter Spiritus Sanctus linguis
igneis super illos descenderat, eorum corda repleverat omniumque
linguarum genera [b] illos docuerat ; repletus Spiritu Sancto, Babilonem rediit, et quos in ea patria Judeos repperit, propter illos qui ‖

Fol. 14 Hierosolimam nece Dominum dampnaverant, zelo dileccionis
(CLXVI). Xpisti fervens, gladio peremit. Item transacto tempore exiguo,
dominicis discipulis diversa cosmi climata adeuntibus, duo cande-
labra aurea, fide fulgencia, divina disponente gracia, Simon scilicet et Thadeus, apostoli Domini, Persidem directi sunt. Qui cum
Babilonem ingressi essent, ejectis a finibus illis quibusdam magis
Zaroen et Arfaxat, qui populos suis vanis locucionibus et signis
a fide avertebant, apostoli vite eterne semina cunctis erogantes,
miraculorum omnibus generibus coruscare ceperunt. Tunc sanctus
puer Eutropius de illorum adventu gavisus, regem ammonebat,
ut errore gentilium et idolorum relicto, fidem xpistianam subiret,
per quam polorum regnum adipisci mereretur. Quid plura ? Ilico,

a. didicisset *Fita*.
b. genere *Fita*.

des compagnons auxquels son père avait enjoint avec exagération de le garder rigoureusement et de le ramener à lui.

Alors certaines gens lui apprirent que prochainement les Juifs allaient faire périr le Sauveur et comme il ne voulait pas voir la mort d'un si grand homme, il quitta Jérusalem le lendemain.

Revenu auprès de son père, il raconta avec ordre à tous dans son pays tout ce qu'il avait vu concernant le Sauveur dans les parages de Jérusalem. Puis, après être resté peu de temps à Babylone, comme il désirait s'attacher entièrement au Sauveur et croyait qu'il vivait encore dans son humanité, il s'en retourna de nouveau quarante-cinq jours après, à Jérusalem avec un écuyer, à l'insu de son père. Mais bientôt il apprit que le Seigneur qu'il aimait en secret avait été crucifié et mis à mort par les Juifs et il en fut très affecté, mais quand on lui eut dit qu'il était ressuscité d'entre les morts et avait apparu à ses disciples et qu'il était monté au Ciel triomphalement, il commença à se réjouir beaucoup.

Enfin, le jour de la Pentecôte, s'étant joint aux disciples de Notre-Seigneur, ceux-ci s'empressèrent de lui apprendre que l'Esprit Saint était descendu sur eux, en forme de langues de feu et qu'il leur avait enseigné toutes les langues ; il revint à Babylone rempli de l'Esprit Saint et brûlant d'amour pour le Christ, il fit périr par le glaive les Juifs qu'il rencontra dans ce pays, se souvenant de ceux qui, en faisant mourir le Christ, avaient jeté l'opprobre sur Jérusalem. Puis, après un court espace de temps, tandis que les disciples du Seigneur se rendaient dans les différents pays du monde, deux flambeaux resplendissant de foi par la grâce de Dieu, à savoir Simon et Thaddée, apôtres du Seigneur, furent envoyés en Perse. Et comme ils étaient entrés à Babylone, après avoir chassé de ce pays les mages Zaroen et Arfaxat qui par leurs vains langages et leurs prodiges détournaient les gens de la foi, ces apôtres, distribuant à tous les semences de la vie éternelle, commencèrent à s'illustrer par toutes sortes de miracles.

Alors le saint enfant Eutrope, qui s'était réjoui de leur arrivée, conjurait le roi d'abandonner les erreurs des gentils et leurs idoles et de se plier à la foi chrétienne par laquelle il mériterait d'obtenir le royaume du Ciel. Qu'ajouterais-je ? Aussitôt, après avoir ouï la prédication des

apostolis predicantibus, rex et filius ejus, cum multis cetibus civium Babilonis, per manus eorumdem apostolorum babtismatis gracia regenerantur. Denique conversa tota urbe ad fidem dominicam, ecclesiam cum omnibus gradibus suis apostoli instituerunt, et Abdiam virum fidelissimum, evangelica doctrina imbutum, quem secum a Jherosolimitanis horis adduxerant, antistitem super xpistianam plebem, et Eutropium archidiaconem ordinaverunt, et profecti sunt in aliis urbibus verbum Dei predicando. Qui cum non post multos dies per martirii triumphum alibi presentem vitam

FITA 40. consummassent, ‖ beatus Eutropius eorum passionem caudaicis [a] et grecis litteris comendavit, et audita fama miraculorum et virtutum beati Petri, apostolorum principis, qui tunc Romam officio apostolatus [b] fungebatur, seculo omnino abrenuncians, accepta ab episcopo licencia, patre suo ignorante, Romam adiit. Qui cum a beato Petro diligenter esset receptus, dominicis preceptis ab eo imbutus, cum eo aliquantulum commoratus, jussu et consilio ejus regionem gallicam cum aliis fratribus predicando aggreditur. Cumque urbem que Sanctonas dicitur intraret, vidit eam undique muris antiquis obtime septam, excelsis turribus decoratam, in obtimo loco sitam, amplitudine et latitudine congruam,

Fol. 14 v°. cunctis felicitatibus et ‖ ferculis affluentem, pratis obtimis, fontibusque lucis [c] saciatam, ingenti flumine munitam, ortis et pomariis et vineis [d] per circuitum uberrimam, salubri aere opertam, plateis et vicis amenam, multisque modis venustam, cepit bonus emulator excogitare istam [e] pulcherrimam ac insignem urbem ab errore gentilium idolorumque cultura converti, legibusque xpistianis summitti Deus dignaretur. Itaque per plateas et vicos ejus pergens, verbum Dei instanter predicabat. Mox ut illum cives barbarum virum esse cognoverunt, et Sancte Trinitatis et babtismatis verba olim sibi inaudita illum predicantem audierunt, ilico indignantes extra urbem illum facibus adustum,

apôtres, le roi et son fils, ainsi qu'un grand nombre d'habitants de Babylone, furent régénérés par la grâce du baptême reçu de leurs mains.
Enfin toute la ville s'étant convertie à la foi du Seigneur, les apôtres
y fondèrent une église avec toute sa hiérarchie ; ils établirent le très
fidèle Abdias, homme nourri de la doctrine évangélique, qu'ils avaient
amené avec eux de Jérusalem, évêque de ce peuple chrétien et nom-
mèrent Eutrope archidiacre. Puis ils partirent vers d'autres villes, prêchant la parole de Dieu. Et quand peu de jours après, ils eurent terminé
là-bas leur vie terrestre en subissant le triomphe du martyre, Eutrope
célébra leur passion en chaldéen^a et en grec ; et ayant entendu vanter les
miracles et les vertus de saint Pierre, le prince des Apôtres, qui remplissait
alors à Rome les fonctions de pontife suprême, il renonça tout à fait au
siècle et, avec l'assentiment de l'évêque, mais à l'insu de son père, il se
rendit à Rome ; il y fut reçu avec bienveillance par saint Pierre et instruit
par lui des préceptes du Maître ; après être resté quelque temps auprès de
lui, il s'en alla sur son ordre et son conseil, prêcher en France avec
d'autres frères. Et comme il était entré dans une ville appelée^b Saintes, il la
vit de toutes parts très bien enserrée dans des murailles antiques, décorée
de tours élevées, occupant une situation magnifique, de dimensions
parfaites en longueur et en largeur, prospère en tout et regorgeant de
victuailles, bien pourvue de belles prairies et de claires^c fontaines, traversée par un grand fleuve, fertile en jardins, vergers et vignes^d aux alentours, jouissant d'un air salubre, pourvue de places et de rues agréables,
charmante à tous égards ; cet apôtre zélé se prit à penser que Dieu dai-
gnerait détourner cette^e belle et remarquable ville de l'erreur des gentils
et du culte des idoles et la soumettre aux lois chrétiennes.

Aussi se mit-il à parcourir les places et les rues prêchant avec ardeur
la parole de Dieu. Mais bientôt quand ces gens surent qu'il était un étranger et l'ayant entendu prononcer les mots inconnus d'eux auparavant
de Sainte-Trinité et de Baptême, ils furent aussitôt saisis de colère et
le chassèrent de la ville après l'avoir brûlé avec des torches et frappé

a. chaldaicis *Fita*.
b. appellatus *Fita*.
c. lucidis *Fita*.
d. et vineis *ajouté en interligne C*.
e. sitam *corr. en* istam *C*.

et perticis immanissimis verberatum ejecerunt. Ille vero hanc persecutionem pacienter ferens, quoddam tugurium ligneum justa urbem in quodam monte fecit, in quo diu moratus est. Predicabat enim per diem in urbe, et nocte vigiliis precibusque [a] lacrimis in tugurio illo pernoctabat. Qui cum per longissimum tempus nisi

FITA 41. raros sua predicacione ad Xpistum converti potuisset, ‖ dominicum preceptum commemoravit : *Quicumque non receperint vos neque audierint sermones vestros, exeuntes foras de domo, vel de civitate, excutite pulverem de pedibus vestris.* Tunc Romam denuo adiit, in qua, passo beato Petro in cruce, a sancto Clemente qui jam papa erat, ammonitus est ud ad prefatam urbem rediret, et predicans dominica precepta, martirii coronam in ea expectaret. Denique ab ipso papa ordine episcopali suscepto, una cum beato Dionisio qui a Grecie horis Romam advenerat, simul cum ceteris fratribus quos ipse Clemens ad predicandum Galliam dirigebat, Autisiodorum usque pervenit. Ibi divine dilectionis amplexibus lacrimosisque salutacionibus discedentes, Dionisius cum sociis suis Parisiacam urbem adiit, et beatus Eutropius rediens Sanctonas, fortiter animatus ad toleranciam passionis, zelo Xpisti plenus, semetipsum corroboravit dicens : *Dominus michi adjutor est, non timebo quid faciat mihi homo. Si persecutores occidunt corpus, ani-*

Fol. 15. *mam non possunt occidere. Pellem pro pelle ‖ et universa que habet*
(CLXVII). *homo, det pro anima sua.* Tunc constanter urbem ingressus, velut amens, oportune inportune instans, fidem dominicam predicabat, cunctis ostendens Xpisti Incarnacionem, Passionem, Resurrectionemque, Ascensionem et cetera que pro humani generis salute subire dignatus est, et quia nemo potest introire in regnum Dei, nisi qui [b] renatus fuerit ex aqua et Spiritu Sancto, omnibus palam insinuabat. Morabatur etiam nocte in prefato tugurio sicut prius.

a. et lacrymis *Fita.*
b. quis *Fita.*

cruellement avec des bâtons ; mais le saint homme supportait patiemment cette persécution ; il construisit une cabane en bois sur un mont près de la ville et y resta longtemps. Il prêchait dans la ville pendant le jour et passait la nuit dans la cabane, en veilles, en prières et en larmes. Et comme après bien du temps, il n'avait réussi à convertir au Christ que de rares fidèles, il se souvint du précepte de notre Seigneur : *Si l'on refuse de vous recevoir et d'écouter votre parole, sortez de cette maison ou de cette ville en secouant la poussière de vos pieds* [1].

Alors il retourna à Rome ; saint Pierre y avait subi le martyre de la croix ; il reçut de saint Clément qui était alors pape, l'ordre de retourner dans ladite ville et, en prêchant les préceptes du Maître, d'y attendre la couronne du martyre. Enfin, ayant reçu du pape lui-même la consécration épiscopale, il se mit en route en compagnie du bienheureux Denis qui était venu de Grèce à Rome et d'autres frères que Clément envoyait prêcher en France, et arriva jusqu'à Auxerre. Là au milieu des embrassements d'une sainte affection, ils prirent congé dans les larmes et se séparèrent : Denis avec ses compagnons se dirigea vers Paris et le bienheureux Eutrope revint à Saintes, disposé à subir vaillamment le martyre ; plein de zèle pour le Christ, il s'encourageait lui-même disant : « Le Seigneur est mon aide, je ne craindrai pas les mauvais traitements des hommes [2]. Si les persécuteurs tuent le corps, ils ne peuvent faire mourir l'âme [3]. L'homme doit donner pour le salut de son âme jusqu'à sa peau et tout ce qu'il a [4]. »

Alors il entra dans la ville d'un pas ferme, puis, comme un insensé, avec une insistance opportune ou importune, il prêchait la foi du Seigneur, enseignant à tous l'Incarnation du Christ, sa Passion, sa Résurrection, son Ascension et tout ce qu'il a bien voulu souffrir pour le salut du genre humain ; il proclamait devant tous que nul ne peut entrer dans le royaume de Dieu s'il n'a été régénéré par l'eau et l'Esprit Saint. Et cependant il restait la nuit dans sa cabane comme auparavant. Mais

1. Matth., X, 14.
2. Ps., CXVII, 6.
3. Matth., X, 28.
4. Job, II, 4.

Illo itaque predicante, statim divina gracia de super adveniente, multi gentiles in urbe ab eo babtizantur ; inter quos quedam ejusdem urbis regis filia, nomine Eustella, babtismatis unda regeneratur. Quod ut pater ejus agnovit, || abominatus est illam, et extra urbem ejecit. Illa autem videns se esse pro Xpisti amore ejectam, cepit juxta sancti viri tugurium commorari. Pater tamen nate sue amore conpunctus, misit sepe nuncios ad eam ut domum rediret. Illa vero respondit se malle extra urbem pro Xpisti fide commorari, quam in urbe redire et idolis contaminari. At ipse pater ira commotus, convocatis sibi tocius urbis carnificibus, centum quinquaginta scilicet, imperavit illis ut sanctum Eutropium perimerent, virginemque secum ad patris thalamum adducerent. Illi autem .II. die kalendarum maii, coadunatis sibi multitudinibus gentilium, venerunt ad prefatum tugurium, sanctissimumque Dei virum lapidibus primitus lapidarunt ; inde fustibus et corrigiis plumbeatis nudum verberarunt ; demum securibus et asciis illiso capite perimerunt.

Prefata vero puella, una cum quibusdam xpistianis, nocte illum in tugurio ipsius sepelivit, vigiliisque luminariis et obsequiis divinis observavit indesinenter quamdiu vixit. Que cum ab hac vita fine sacro migraret, juxta magistri sarcofagum in libero predio suo jussit se sepeliri. Postea vero super beati Eutropii corpus sanctissimum ingens basilica sub ejus honore, in nomine sancte et individue Trinitatis, a xpistianis miro opere fabricatur, in qua a cunctis morborum generibus coliniti crebro liberantur, claudi eriguntur, ceci illuminantur, auditus surdis redditur, demoniaci liberantur et omnibus corde since-||-ro poscentibus, juvamina salutaria prestantur, et catene ferree et manice, ceteraque ferrea instrumenta diversa, e quibus beatus Eutropius vinctos liberavit, suspenduntur. Ipse ergo suis dignis meritis et precibus nobis apud Deum veniam impetret, vicia nostra diluat, virtutes in nobis vivi-||-ficet, vitam

FITA 42.

Fol. 15 v°.

FITA 43.

tandis qu'il prêchait, la grâce divine descendant aussitôt du ciel, beaucoup de gentils furent baptisés par lui dans la ville, parmi lesquels une
fille du roi du pays, appelée Eustelle, fut régénérée par l'eau du baptême.
Quand son père le sut, il la maudit et la chassa de la ville. Mais elle,
voyant que c'était pour l'amour du Christ qu'elle avait été repoussée,
alla s'installer auprès de la cabane du saint homme. Cependant le père
poussé par l'amour qu'il portait à sa fille, envoya à plusieurs reprises
des émissaires vers elle pour qu'elle revînt à la maison. Mais elle répon-
dit qu'elle aimait mieux demeurer hors de la ville pour la foi du Christ,
que d'y revenir et être souillée par les idoles. Alors le père enflammé de
colère fit venir auprès de lui les bouchers de toute la ville — ils étaient
cent cinquante — et leur donna l'ordre de mettre à mort saint Eutrope et
de ramener la jeune fille dans la demeure de son père. Ceux-ci, le 30 avril,
accompagnés d'une multitude de gentils, vinrent auprès de ladite cabane
et commencèrent par jeter des pierres au saint homme de Dieu, puis ils
le frappèrent, nu, avec des bâtons et des lanières plombées, enfin ils l'ache-
vèrent en lui coupant la tête avec des haches et des cognées.

Quant à la jeune fille, aidée de quelques chrétiens, elle l'ensevelit de
nuit dans sa cabane, et aussi longtemps qu'elle vécut, elle ne cessa de
le veiller au milieu des lumières, en récitant l'office divin. Et quand après
une sainte mort, elle quitta ce monde, elle demanda à être ensevelie
auprès du tombeau de son maître, dans le terrain qui lui appartenait.

Par la suite, au-dessus du très saint corps du bienheureux Eutrope,
une grande basilique fut élevée magnifiquement par les fidèles en son
honneur et au nom de la sainte et indivisible Trinité ; ceux qui y viennent
affligés de tous genres de maladies, sont rapidement guéris, les boiteux
se redressent, les aveugles retrouvent la lumière ; l'ouïe est rendue aux
sourds, les possédés sont délivrés et à tous ceux qui le demandent d'un
cœur sincère, une aide salutaire est accordée ; des chaînes de fer, des
menottes et d'autres instruments de fer variés, desquels le bienheureux
Eutrope a délivré les prisonniers sont là suspendus. Puisse-t-il par ses
dignes mérites et par ses prières, obtenir de Dieu pour nous le pardon,
effacer nos péchés, ranimer en nous les vertus, diriger notre vie, écarter

nostram dirigat, in mortis periculo a baratri faucibus nos eripiat, in extremo examine summam eterni judicis iram nobis placet, et ad superna polorum regna perducat, prestante Domino nostro Jhesu Xpisto, qui cum Patre et Spiritu Sancto vivit et regnat Deus, per infinita secula seculorum. Amen.

¶ Deinde [a] apud Blavium in maritima, beati Romani presidia petenda sunt, in cujus basilica requiescit corpus beati Rotolandi martiris, qui, cum esset genere nobilis, comes scilicet Karoli Magni regis, de numero .XII[cim]. [b] pugnatorum ad expugnandas gentes perfidas zelo fidei septus, Yspaniam [c] ingressus est. Hic tanta fortitudine repletus fuit, quod petronum quemdam ut fertur, in Runciavalle, a summo usque deorsum, sua framea per medium, trino ictu scilicet, scidit, et tubam sonando, oris sui vento similiter per medium divisit. Tuba vero eburnea scilicet scissa aput Burdegalem urbem, in basilica Beati Severini habetur, et super petronum in Runciavalle quedam ecclesia fabricatur. Postquam vero Rotolandus multa bella regum et gentilium devicit, fame, frigore, caloribusque [d] nimiis fatigatus, alapis immanissimis et verberibus crebris pro divini numinis amore cesus, sagittisque lanceis vulneratus, tandem siti fertur in prefata valle, Xpisti martir preciosus obisse [e]. Cujus sacratissimum corpus in Beati

a. *Le texte de R reprend ici précédé de la rubrique* : Aput Blavium requiescit corpus Rotolandi.
b. duodecimo *Fita.*
c. Hispania *R.*
d. *R om.* que.
e. obiisse *R, Fita.*

1. Saint Romain était un patron des voyageurs. Il préserve du naufrage, dit Grégoire de Tours, ceux qui l'invoquent du milieu des flots. *De Gloria Conf.*, ch. 45, *Mon. Germ. Hist.*, éd. KRUSCH, p. 776. Saint Romain, disciple de saint Martin de Tours, était mort en 385 ; avant 593, une abbaye

de nous à l'heure dangereuse de la mort les gouffres de l'enfer, et au jugement dernier, apaiser pour nous la colère du Juge éternel et nous mener dans les royaumes élevés du Ciel, avec l'aide de Notre-Seigneur Jésus-Christ qui vit et règne en Dieu avec le Père et l'Esprit Saint, jusqu'à la consommation des siècles. Amen.

Ensuite à Blaye, sur le bord de la mer, il faut demander la protection de Saint Romain [1] ; dans sa basilique repose le corps du bienheureux Roland [2], martyr ; issu d'une noble famille, comte de la suite du roi Charlemagne, il était l'un de ses douze compagnons d'armes, et, poussé par le zèle de sa foi, il entra en Espagne pour en expulser les infidèles. Sa force était telle qu'à Roncevaux, il fendit, dit-on, un rocher par le milieu du haut en bas avec son épée en trois coups ; on raconte aussi qu'en sonnant du cor, la puissance de son souffle le fendit de même par le milieu. Ce cor d'ivoire ainsi fendu se trouve à Bordeaux dans la basilique de saint Seurin [3] et sur le rocher de Roncevaux, on a construit une église [4]. Après avoir, dans des guerres nombreuses, vaincu les rois et les peuples, Roland épuisé par la faim, le froid et les chaleurs excessives, frappé de coups violents, et flagellé sans relâche pour l'amour de Dieu, percé de flèches et de coups de lances, ce valeureux martyr du Christ mourut, dit-on, de soif dans cette vallée de Roncevaux. Son très saint

d'Augustins fut fondée à Blaye en son honneur ; l'abbaye fut détruite par les Anglais en 1441 et l'église démolie par Louis XIV en 1676. (Dom COTTI-NEAU, *Répertoire...*, s. v. Blaye.)

2. Cf. Camille JULLIAN, *La tombe de Roland à Blaye*, dans *Romania*, t. XXV, p. 161-173. Des milliers de pèlerins, dit-il, p. 171, ont vu cette tombe, mais nul ne l'a décrite ; François Ier passant à Blaye, en 1526, la fit ouvrir et contempla les ossements du guerrier. Cette tombe tient une grande place dans la poésie épique, cf. BÉDIER, *Légendes épiques*, t. III et IV passim ; et le souvenir de Roland se perpétue par l'iconographie, sur les routes de pèlerinage, cf. MÂLE, *XIIe siècle...*, passim.

3. C'est Charlemagne, selon la légende, qui l'y aurait déposé :

Dessus l'alter seint Sevrin le barun,
Met l'oliphant plein d'or et de manguns. (C. JULLIAN, *art. cit.*, p. 169.)

4. E. LAMBERT, *Roncevaux et ses monuments*, a prouvé qu'à l'époque où le guide fut écrit, une chapelle était en cours de construction à Roncevaux.

Romani basilica apud Blavium ipsius socii digna veneracione sepelierunt.

¶ Deinde [a] apud Burdegalem urbem, beati Severini episcopi et confessoris corpus visitandum est. Cujus sollempnitas. x. kl. novembris colitur.

¶ Item [b] in landis Burdegalensibus, villa que dicitur Belinus, **FITA 44.** visitanda sunt corpora sanctorum martirum : Oliveri [c], ‖ Gandelbodi [d] regis Frisie, Otgerii regis Dacie, Arastagni regis [e] Brittannie ‖ **Fol. 16.** Garini ducis Lotharingie, et aliorum plurimorum scilicet Karoli **(CLXVIII).** Magni pugnatorum qui, defictis exercitibus paganorum, in Yspania [f] trucidati pro Xpisti fide fuere. Quorum preciosa corpora usque ad Belinum [g] socii illorum detulerunt, et ibi studiosissime sepelierunt. Jacent enim omnes una in uno tumulo, ex quo suavissimus odor flagrat, unde coliniti [h] sanantur.

¶ Deinde [i] visitandum est in Yspania beati Dominici confessoris corpus, qui calciatam que est inter Nageram urbem et Radicellas fecit, ubi ipse requiescit.

---

a. *Ce paragraphe manque dans R.*

b. *Le texte de R reprend ici, précédé de la rubrique* : In Bellinus villa requiescit Olivarius et sotii ejus.

c. Oliverii *R.*

d. Galdelbodi *Fita.*

e. regeis *corr. en* regis *C.*

f. Hispania *R.*

g. Bellinum *R.*

h. colliniti *R.*

i. *Ce paragraphe manque dans R.*

---

1. La chanson de Roland enterre à Blaye, non seulement Roland, mais Olivier et Turpin (cf. JULLIAN, *art. cit.*, p. 170), tandis que notre Guide et le Pseudo-Turpin (éd. MEREDITH-JONES, p. 214-215), ensevelissent Olivier avec d'autres à Belin, voir plus loin.

corps fut enseveli avec respect par ses compagnons dans la basilique de Saint-Romain à Blaye [1].

Puis, à Bordeaux, il faut rendre visite au corps du bienheureux Seurin [2] évêque et confesseur ; sa fête se célèbre le 23 octobre.

De même dans les landes de Bordeaux, dans une petite ville appelée Belin [3], on doit rendre visite aux corps des saints martyrs Olivier, Gondebaud, roi de Frise, Ogier, roi de Dacie [4], Arastain, roi de Bretagne [5], Garin, duc de Lorraine [6] et de bien d'autres compagnons d'armes de Charlemagne qui, après avoir vaincu les armées païennes, furent massacrés en Espagne pour la foi du Christ. Leurs compagnons rapportèrent leurs corps précieux jusqu'à Belin et les y ensevelirent avec beaucoup d'égards. C'est là qu'ils gisent tous ensemble dans un même tombeau ; un parfum très doux en émane qui guérit les malades.

Plus loin, il faut visiter en Espagne le corps du bienheureux Dominique [7], confesseur, qui construisit la chaussée [route pavée] entre Najera et Redecilla, là où il repose.

2. Saint Seurin (Severinus) était évêque de Bordeaux vers 410-420 ; une abbaye s'éleva à Bordeaux sous son vocable, d'abord desservie par des Bénédictins, puis par des chanoines réguliers ; l'église actuelle a des parties des XIe et XIIe siècles.

3. C. JULLIAN (art. cit., p. 171) dit qu'à Belin, d'abord simple bourgade gallo-romaine, puis hôpital de pèlerins, il n'y avait pas de grandes nécropoles et il pense que ce tombeau qu'on montrait à Belin était peut-être un de ces tumuli de terre comme il s'en rencontre dans cette région. A partir du XIIIe siècle, Belin prend une place importante dans les chansons de geste, notamment dans Garin le Loherain. Voir BÉDIER, op. cit., t. III-IV, passim.

4. C'est-à-dire de Danemark ; on sait la place tenue par Ogier le Danois dans l'épopée française. Cf. BÉDIER, op. cit., passim.

5. Arastain ne se retrouve que dans le Pseudo-Turpin (éd. MEREDITH-JONES, p. 214-215) et dans la chanson d'Agolant. Cf. BÉDIER, op. cit., t. III, p. 136.

6. C'est le Garin des épopées. Cf. BÉDIER, op. cit., passim.

7. Saint Dominique de la Calzada, architecte et ingénieur, † 12 mai 1109, ne doit pas être confondu avec son contemporain, l'abbé bénédictin, fondateur du monastère qui porte son nom à Silos (province de Burgos), † 1073. Cf. Acta Sanctorum, mai, III, 167-168.

Item [a] visitanda sunt corpora beatorum martirum, Facundi scilicet et Primitivi, quorum basilicam Karolus fecit, juxta quorum villam prata nemorosa, in quibus infixe haste lancearum pugnatorum fronduisse referuntur. Quorum sollempnitas. v. kl. decembris colitur.

¶ Inde [b] apud urbem Legionem visitandum est corpus venerandum beati Ysidori episcopi et confessoris sive doctoris, qui regulam piissimam clericis ecclesiasticis instituit, et gentem yspanicam suis doctrinis imbuit, totamque sanctam ecclesiam codicibus suis florigeris decoravit.

Tandem beati Jacobi apostoli corpus dignissimum summopere atque studiosissime in urbe Compostellana visitandum est.

¶ Hii prefati sancti cum aliis omnibus sanctis Dei, suis meritis et precibus auxilientur nobis (quos [c]) apud Dominum nostrum Jhesum Xpistum, qui cum Patre et Spiritu Sancto vivit et regnat Deus, per infinita secula seculorum. Amen.

FITA 45.   CAPITULUM IX [d]. — DE QUALITATE URBIS ET BASILICE SANCTI JACOBI APOSTOLI GALLECIE. *Calixtus papa et Aymericus cancellarius.*

¶ Inter duos fluvios [e] quorum unus vocatur Sar et alter Sarela, urbs Compostella sita est. Sar est ad orientem inter montem Gaudii et urbem, Sarela ad ocasum. Urbis vero introitus et porte sunt

a. *Ce paragraphe est précédé dans R de la rubrique* : De sancto Facundo.
b. *Toute la fin du chapitre manque dans R.*
c. quos *omis à juste titre par Fita.*
d. *Le début de ce chapitre manque dans R, ainsi que de nombreux paragraphes.*
e. fluios *C.*

On doit de même rendre visite aux corps des saints Facond [1] et Primitif dont la basilique fut élevée par Charlemagne ; près de leur ville, il y a des prés plantés d'arbres dans lesquels, dit-on, les hastes des lances des guerriers fixées en terre verdoyèrent [2]. Leur fête se célèbre le 27 novembre.

De là, il faut aller voir à Leon le corps vénérable du bienheureux Isidore [3], évêque, confesseur et docteur, qui institua pour les clercs ecclésiastiques une très pieuse règle, imprégna de sa doctrine tout le peuple espagnol et honora la sainte Église tout entière par ses ouvrages féconds.

Enfin, c'est au très saint corps du bienheureux apôtre Jacques, dans la ville de Compostelle, qu'on doit surtout et avec le plus de dévotion rendre visite.

Que tous ces saints ainsi que tous les autres saints de Dieu nous aident de leurs mérites et de leurs prières auprès de Notre-Seigneur Jésus-Christ qui vit et règne en Dieu dans l'éternité des siècles. Ainsi soit-il.

CHAPITRE IX

Caractéristiques de la ville et de la basilique de l'apôtre saint Jacques en Galice.

Calixte pape et Aimery chancelier.

Entre deux fleuves dont l'un s'appelle le Sar et l'autre le Sarela, s'élève la ville de Compostelle ; le Sar est à l'Orient, entre le mont de la Joie [4] et la ville ; le Sarela à l'Occident. La ville compte sept portes ou entrées. La

1. Voir dans *España Sagrada*, t. XVII, p. 226 et t. XXXIV, p. 314 et 390, la vie de ces deux saints de Sahagun.

2. Cette légende est déjà rappelée plus haut et le Pseudo-Turpin raconte aussi que la fondation de la basilique de Sahagun était due à Charlemagne.

3. Sur l'église San Isidoro de Leon où fut enseveli le célèbre docteur de Séville, voir l'ouvrage de GÓMEZ MORENO, *El arte romanico español*, Madrid, 1934, et le substantiel compte rendu qu'en a donné G. GAILLARD, dans l'art. cité sur *les Commencements de l'art roman en Espagne*.

4. Monte del Gozo (aujourd'hui Monte San Marcos) ; le nom évoque la joie éprouvée par les pèlerins quand, de là, ils découvraient Compostelle ;

septem. Primus introitus dicitur porta Francigena ; secundus, porta Penne ; tercius, porta de Subfratribus ; quartus, porta de Sancto *Fol.* 16 *v°.* Peregrino ; quintus, porta ‖ de Falgueriis, que ducit ad Petronum ; sextus, porta de Susannis ; septimus, porta de Macerellis, per quam preciosus Baccus venit ad urbem.

[1]. *De ecclesiis urbis* [a].

¶ Hac in urbe decem ecclesie solent esse, quarum prima gloriosissimi apostoli Jacobi Zebedei in medio sita refulget gloriosa ; secunda, Beati Petri apostoli, que monachorum est abbacia, juxta viam Francigenam sita ; tercia, Sancti Michaelis que dicitur de Cisterna ; quarta [b], Sancti Martini episcopi que dicitur de Piniario [c], que FITA 46. etiam monachorum ‖ est abbacia ; quinta [d], Sancte Trinitatis que

a. *Ce paragraphe figure en entier dans R. — Les paragraphes ne sont pas numérotés dans C ni dans R.*
b. IIIIa *R.*
c. Pinario *R.*
d. Va *R.*

---

de même le Monte Mario près Rome d'où l'on aperçoit la ville sainte était appelé *Mons Gaudii* (E. MÂLE, *XIIe siècle*, p. 246).
   1. Aujourd'hui *Puerta del Camino* ; c'est là, au nord-est de la ville, qu'aboutissait la route des pèlerins venant de France (*camino francés*). Voir LÓPEZ-FERREIRO, III, app., p. 8.
   2. Au nord ; le nom a subsisté ; *penna* en bas-latin, dans les régions hispaniques notamment, a le sens de rocher, montagne, comme les mots castillan *peña*, et catalan *penya*.
   3. A l'est ; aujourd'hui *puerta de San Martin*, près du monastère de Saint-Martin Pinario ; LÓPEZ-FERREIRO, V, p. 101, estime que ce ne sont pas les moines de ce monastère qui lui ont donné ce nom de *Subfratribus*, mais les frères qui desservaient l'ancien hospice qui se trouvait par là.

première s'appelle porte de France [1] ; la seconde, porte de la Peña [2] ; la troisième, la porte au-dessous des frères [3] ; la quatrième, porte de Saint-Pèlerin [4] ; la cinquième, porte des Fougeraies [5] qui mène au « Petronus » ; la sixième, porte de « Susannis » [6] ; la septième, porte des « Macerelli » [7] par laquelle la précieuse liqueur de Bacchus entre dans la ville.

I. Les églises de la ville.

Dans cette ville, il y a dix églises dont la première est celle du très glorieux apôtre Jacques, fils de Zébédée, qui, située au milieu de la ville, resplendit de gloire ; la seconde, élevée en l'honneur du bienheureux apôtre Pierre [8] est une abbaye de moines située auprès du chemin de France ; la troisième, Saint-Michel [9], surnommée de la Citerne ; la quatrième, élevée en l'honneur de saint Martin [10], évêque, est dite de Pinario ; c'est aussi une abbaye de moines ; la cinquième, de la Sainte-Trinité,

4. Aujourd'hui porte de la *Trinidad*.

5. Aujourd'hui porte de la *Fajera* au sud-ouest. Du Cange ne cite pas d'exemple du mot *falgueria*, qui, dans l'onomastique et la toponymie a donné *Falguière*, c'est-à-dire fougeraie ; mais on le retrouve en provençal. Cf. MISTRAL, *Lou tresor dou Felibrige*, s. v. *falgueira* ; en catalan falguera = fougère, *falguerar*, fougeraie, mais le castillan ignore ce mot.

6. Nous ne nous expliquons pas ce vocable qu'il faut peut-être rapprocher du castillan *susano* en haut ou du bas-latin *susannus*, champ en friche [*]. C'est aujourd'hui la porte de la *Mamoa*.

7. *Puerta de Mazarelos* ou *del Mercado* ; le mot *macerellus* ne se trouve pas dans Du Cange ; faut-il le rapprocher de *macellarius*, boucher ? ; le mot *mazarelos* a disparu du vocabulaire castillan actuel, mais il y a un mot tiré de l'arabe, *mazari*, qui veut dire brique (bas-latin *maceria*, moellon. Cf. MORTET, *Textes*, I, p. 496) ; les *macerelli* (*mazarelos*) seraient des briquetiers.

8. Une note marginale du XIVe siècle dit ici : c'est-à-dire de saint Pélage, mais c'est une erreur ; l'abbaye dont il s'agit est celle de Saint-Pierre Hors (*San Pedro d'Afora*).

9. *San Miguel dos Agros*, église paroissiale ; LÓPEZ-FERREIRO, IV, 65.

10. *San Martin Pinario* qui est aujourd'hui le séminaire, fut une abbaye très importante ; voir au sujet de sa fondation sur l'emplacement dit *Pinario* ou *Pignario* qui lui donna son nom, LÓPEZ-FERREIRO, II, p. 47, p. 399 et passim, III, p. 43, etc.

est peregrinorum sepultura ; sexta ᵃ, Sancte Susanne ᵇ virginis que est juxta viam Petroni ; septima ᶜ Sancti Felicis martiris ; octava, Sancti Benedicti ; nona, Sancti Pelagii martiris, que est retro Beati Jacobi basilicam ᵈ ; decima, Sancte Marie Virginis que est retro ecclesiam Sancti Jacobi, habens introitum in eandem basilicam inter ᵉ altare Sancti Nicholai ᶠ et Sancte Crucis.

[2]. *De ecclesiae mensura* ᵍ.

❡ Basilica namque Sancti Jacobi habet in longitudine quinquaginta et tres hominis status, videlicet a porta occidentali, usque ad Sancti Salvatoris altare ; in latitudine vero habet quadraginta unum minus, a porta scilicet Francigena, usque ad meridianam portam ; altitudo vero ejus quatuordecim status habet intus. Quanta sit extra ejus longitudo et altitudo, a nullo valet comprehendi. Ecclesia vero eadem novem naves habet inferius, et sex superius, et unum caput, majus videlicet, in quo Sancti Salvatoris est altare, et lauream unam, et unum corpus, et duo membra, et octo alia

a. VIᵃ *R.*
b. Susane *R.*
c. VIIᵃ *R.*
d. *R ajoute en interligne* nobilis in honorum abbacia.
e. item *Fita.*
f. Nicholay *R.*
g. *Ce paragraphe ainsi que les* § 3 à 10 *manquent dans R.*

1. En 1128, l'archevêque Diego Gelmirez avait donné un terrain « *ad construendam ibi ecclesiam in pauperum et peregrinorum sepulturam* ». *Hist. Compost.*, p. 472, LÓPEZ-FERREIRO, IV, 145.

2. Cette petite église romane existe encore au milieu du *Paseo de la Herradura.*

3. *Petronus* déjà cité plus haut est un tas de pierres ; mais ne s'agirait-il pas du Patronus, le bourg du Padrón ?

4 et 5. Les deux églises paroissiales Saint-Félix et Saint-Benoît furent reconstruites par les soins de l'archevêque Diego Gelmirez. LÓPEZ-FERREIRO, IV, 65.

reçoit la sépulture des pèlerins [1] ; la sixième, dédiée à sainte Suzanne [2], vierge, est près de la route du « Petronus » [3], la septième à saint Félix, martyr [4] ; la huitième à saint Benoît [5] ; la neuvième à saint Pélage [6], martyr, est derrière la basilique de Saint-Jacques ; la dixième, dédiée à la Vierge Marie [7], est derrière l'église Saint-Jacques et a une entrée dans cette basilique entre l'autel de saint Nicolas et celui de la sainte Croix.

2. *Dimensions de l'église.*

La basilique de Saint-Jacques [8] mesure en longueur cinquante-trois fois la taille d'un homme, depuis la porte occidentale jusqu'à l'autel du Saint Sauveur [9] ; en largeur quarante fois moins une, depuis la porte de France [10], jusqu'à la porte méridionale ; quant à l'élévation intérieure, elle est de quatorze hauteurs d'hommes ; mais nul ne peut mesurer ce que sont, à l'extérieur, la longueur et la hauteur de l'édifice.

L'église comporte neuf nefs [11] dans sa partie inférieure et six dans la partie haute et une tête [chapelle] plus grande que les autres où se trouve l'autel du Saint Sauveur [12], une couronne [13] [déambulatoire entourant le chœur], un corps [nef] et deux membres [bras du transept] et huit

6. Saint-Pélage, église conventuelle de l'ancien monastère de *Antealtares* ; voir LÓPEZ-FERREIRO, IV, 65 et passim.

7. C'est l'église Notre-Dame de la Corticela adossée à la cathédrale et qui communique encore aujourd'hui avec elle, mais par une autre porte. LÓPEZ-FERREIRO, III, app. 9.

8. Pour tout ce qui a trait à la description de la cathédrale, nous ne saurions mieux faire que de renvoyer à l'excellente monographie citée du professeur K. J. CONANT qui comporte des plans, coupes, élévations, etc. Voir plan ci-contre.

9. Qui est dans la grande chapelle absidale.

10. Porte nord.

11. Pour ne pas trahir notre auteur, nous conservons le plus possible les termes et figures qu'il emploie et mettons entre crochets les interprétations que nous proposons.

12. La chapelle du Saint-Sauveur est appelée aujourd'hui chapelle du roi de France.

13. Ce terme : *laurea*, couronne de lauriers, pour désigner le déambulatoire qui, à la manière d'une couronne, ceint le sanctuaire, ne se retrouve pas ailleurs. Cf. MORTET, *Textes...*, p. 399, n. 1.

parva capita habet, in singulis quibusque singula habentur altaria.
E quibus novem navibus sex modicas tresque magnas esse dicimus. Prima navis principalis est a portali occidentali, usque ad
medios pilares, quatuor scilicet, qui omnem gubernant ecclesiam,
habens unam naviculam ad dexteram, et aliam ad levam. Alie vero
due magne naves in duobus membris habentur, quarum prima a
porta Francigena usque ad quatuor pilares crucis ecclesie perti-
net, et secunda ab ipsis pi-‖-laribus usque ad portam meridianam.
Que utreque naves duas laterales naviculas habent. He vero
tres naves principales ‖ usque ad ecclesie celum pertingunt, et
sex pauce navicule usque ad medias cindrias tantum ascendunt.
Utreque magne naves, undecim et dimii [a] status hominis habent in
latitudine. Statim hominis recte de octo palmis esse dicimus. In
majori navi, triginta unus minus pilares habentur, quatuordecim
ad dexteram, totidemque ad levam, et unus est inter duos portallos deintus, adversus aquilonem, qui ciborios separat. In navibus

Fol. 17
(CLXIX).

FITA 47.

a. dimidium *Fita*.

1. Ce sont les quatre absidioles qui s'ouvrent dans le sanctuaire, de chaque
côté de la chapelle d'axe dite du Saint-Sauveur et les quatre chapelles qui
s'ouvrent deux à deux dans les croisillons.

2. La croisée du transept.

3. Cette expression *mediae cindriae* ne se retrouve pas ailleurs ; le mot
cindria s'apparente évidemment à notre mot *cintre* (catalan *cindria*, castillan *cimbra*) et éveille l'idée soit d'arc, soit plutôt de support, étai, renfort, ce qui pourrait s'appliquer aux « piles supplémentaires qui divisent
en deux les baies des tribunes et peuvent être considérées comme des ren-
forts » ; cette explication est proposée par E. LAMBERT. V. MORTET, *Textes...*,
p. 399, n. 4, dit que «cette expression s'applique à proprement parler aux
colonnes engagées dans les piliers, lesquelles supportent les arcs doubleaux
sectionnant la voûte de forme cintrée » ; cette interprétation me paraît
fort sujette à caution. BONNAULT D'HOUËT, p. 199-200, s'en rapporte à
l'avis de Palustre qui lui a dit avoir rencontré une seule fois ce mot *cindria*,

autres petites têtes [1] [chapelles] ; dans chacune d'elles se trouve un autel.

Des neuf nefs, nous disons qu'il y en a six petites et trois grandes :
la première qui est la nef principale va du portail occidental jusqu'aux
piliers du milieu qui, au nombre de quatre, commandent toute l'église [2] ;
cette nef est flanquée à droite d'une petite nef [bas côté] et à gauche
d'une autre. Les deux autres grandes nefs se comportent comme deux
bras dont l'un va de la porte de France aux quatre piliers de la croix
[croisée du transept] et l'autre va de ces piliers à la porte méridionale.
Ils ont chacun deux petites nefs latérales [bas côtés des croisillons].

Ces trois nefs principales s'élèvent jusqu'au faîte de l'église tandis
que les six bas côtés ne montent que jusqu'aux *medie cindrie* [3] [renforts
médians ou plutôt demi-berceaux].

Chacune des grandes nefs mesure en largeur onze fois et demie la taille
d'un homme ; nous évaluons la taille d'un homme juste à huit palmes.

Dans la grande nef, il y a vingt-neuf piliers, quatorze à droite, autant
à gauche et un isolé qui se trouve entre les deux portails à l'intérieur,
s'opposant à l'aquilon [4] [ouest] et qui divise les *ciborii* [5] [passages d'en-

employé dans le sens de *cintre* (échafaudage en arc-de-cercle sur lequel on
construisait les voûtes) dans un document de 1462, relatif à la construction de la dernière travée de la cathédrale de Rodez. BONNAULT D'HOUËT
traduit par moyens cintres, mais donnant à cintre le sens d'arc. Si, ici, le
sens d'arc peut convenir, c'est-à-dire que les six bas-côtés ne montent que
jusqu'aux arcs à mi-hauteur, il ne peut convenir aux passages qui se
trouvent quelques lignes plus bas : *duplices pilares qui a lapicidibus vocantur
medie cindrie... due simul columpne que vocantur columpne cindrie a lapicidibus* ; le mot de *renfort* proposé par E. LAMBERT peut s'appliquer aux trois
passages. Il ne faut d'ailleurs pas se dissimuler que l'auteur du *Guide* se
sert, sans peut-être bien les comprendre, des termes techniques qu'il vient
d'apprendre des lapicides ; de nos jours encore les archéologues n'arrivent
pas toujours à s'entendre sur la terminologie, on ne peut exiger des pro-
fanes du XIIe siècle un rigoureux emploi des mots techniques ; M. CONANT
se borne à traduire ici par *middle of the piers* et plus loin par *semi-cylin-
drical* et *cylindrical shafts*, ce qui n'explique pas le terme *.

4. L'aquilon désigne en général le nord, mais ici il ne peut s'agir que de
l'ouest.

5. Comme pour les *cindrie*, l'incertitude règne sur le sens à donner ici

vero crucis ejusdem ecclesie, a porta videlicet Francigena usque ad meridianam, viginti et sex habentur pilares, duodecim ad dexteram, totidemque ad levam, quorum duo ante valvas intus positi, ciborios separant et portallos. In corona namque ecclesie, octo singulares columpne habentur circa beati Jacobi altare. Sex navicule que superius in palacio ecclesie habentur, longitudine et latitudine tali sunt, sicut subjugales alie navicule que sunt deorsum. Ex uno quidem latere eas [a] tenent parietes, et ex [b] alio pilares qui desubter de magnis navibus sursum ascendunt, et duplices pilares qui [c] a lapicidibus vocantur medie cindrie [d]. Quot sunt pilares inferius in ecclesia, tot sunt superius in navibus et quot cingule inferius, tot sunt in palacio superius ; sed in navibus palacii inter pilares singulos, due simul columpne semper sunt, que vocantur columpne cindrie a lapicidibus. In eadem vero ecclesia nulla scis-

a. *Om. Fita.*
b. *Om. Fita.*
c. *Om. Fita.*
d. cindrae *Fita.*

au mot *ciborius* ; le sens propre de ce mot est *dais* ou *baldaquin* ; par extension, on le trouve employé dans le sens de *voûte* (cf. Du Cange, s. v. *ciborium* et V. Mortet, *Textes*, passim) ; ici et plus loin p. 102, l'acception est un peu différente ; le mot s'applique sans aucun doute aux entrées, mais aux entrées considérées comme constituant un passage voûté, un porche ou un auvent ; c'est un peu le sens qui est exprimé, quand un concierge dit à celui qui reste devant une porte cochère : « Entrez sous la voûte » alors qu'il n'y a pas de voûte, mais seulement un abri. Bonnault d'Houët traduit *ciborios* par tympan, p. 199, 204, mot qui ne peut évidemment pas convenir ; Mortet *Textes*, p. 400, se contente de traduire par *ciborium* et semble croire qu'il s'agit ici du *ciborium* qui surmonte le grand autel. Conant, *op. cit.*, traduit par *arch* = arc.

1. Ici *ciborius* s'oppose à *portallus* ; je crois qu'il faut le comprendre ainsi : le portail est considéré comme faisant partie du plan de la façade,

trée] ; dans les nefs qui forment la croix [transept] de cette église, depuis la porte de France jusqu'à celle du midi, il y a vingt-six piliers, douze à droite et autant à gauche et deux placés devant les portes à l'intérieur, qui divisent les *ciborii* [passages d'entrée] et les portails [1].

Dans la couronne [déambulatoire] [2] de l'église, il y a huit colonnes isolées autour de l'autel de saint Jacques. Les six petites nefs qui se trouvent en haut dans le palais [tribunes] de l'église sont égales en longueur et en largeur aux petites nefs [bas côtés] qui leur correspondent en bas ; d'un côté, les murs les supportent, et de l'autre ce sont les pilliers qui, d'en bas, montent des grandes nefs jusqu'au faîte, et, en outre, des piliers géminés [3] s'élevant au-dessus de ce que les lapicides appellent *medie cindrie* [demi-berceaux].

Autant il y a de piliers en bas dans l'église, autant il y en a dans les parties hautes ; de même, autant il y a de *cingule* [4] [arcs doubleaux] en bas, autant il y en a en haut dans le palais [tribunes], mais dans les nefs du palais [galeries hautes] il y a en outre, entre chaque pilier, deux colonnes géminées [5] que les lapicides appellent colonnes *cindrie* [de renfort ?]

Dans cette église, il n'y a aucune fissure, aucun défaut ; elle est admi-

tandis que le *ciborius*, c'est le passage qui s'ouvre perpendiculairement au plan de cette façade.

2. *Corona* peut désigner non seulement le déambulatoire mais encore le chœur qu'il contourne. Cf. Du Cange, s. v. *corona ecclesiae*.

3. Les baies des tribunes sont en effet recoupées par des colonnes géminées qui ne correspondent pas à des piliers dans la partie basse.

4. Ces *cingulae*, sangle ou ceinture *, semblent vouloir désigner les arcs doubleaux qui, on le sait, jouent le rôle de ceinture de pierre ; c'est du moins l'opinion de V. Mortet, *Textes*, p. 400, n. 7 ; cette acception ne se retrouve pas ailleurs. Bonnault d'Houët traduit par arcs, p. 199, et Conant, par *arch*, p. 51. Élie Lambert voit là une erreur graphique *cingule* pour *singule* (il y a en effet plus haut, peut-être, *sicera* pour *cicera*, p. 20) et traduit par colonnes isolées ; ce serait l'équivalent des *octo singulares columpne* dont il est parlé plus haut ; mais le mot *columpne* ne se trouve pas avant ; c'est *pilares* qui se trouve à la ligne précédente, il faudrait donc le masculin *cinguli* et on ne voit pas pourquoi cette répétition de *quot... tot* s'appliquant au même objet puisque toutes les piles de la partie basse sont semblables.

5. Voir plus haut n. 3.

sura, vel corrupcio invenitur : mirabiliter operatur, magna, spa-
ciosa, clara, magnitudine condecenti, latitudine, longitudine et
altitudine congruenti, miro et ineffabili opere habetur, que etiam
dupliciter velut regale palacium operatur. Qui enim sursum per
naves palacii vadit, si tristis ascendit, visa obtima pulcritudine
ejusdem templi, letus et gavisus efficitur.

FITA 48.   [3]. *De fenestris.*

¶ Fenestre vero vitree que sunt in eadem basilica, sexaginta et
tres numero habentur, ad unum quodque altare quod est in corona
tres habentur. In celum vero basilice circa beati Jacobi altare ‖
Fol. 17 *v°.* quinque fenestre habentur, unde apostolicum altare valde perlus-
tratur. In palacio vero sursum, quadraginta et tres numero haben-
turfenestre.

[4]. *De portallulis.*

¶ Tres portales principales et septem paucos habet eadem ecclesia ;
unum qui respicit ad occidentem, scilicet principalem et alium ad
meridiem, alterum vero ad septemtrionem. Et in uno quoque portali principali duo sunt introitus et in uno quoque introitu, due
porte habentur. Primus vero ex septem portallulis vocatur de Sancta
Maria ; secundus, de Via sacra ; tercius, de Sancto Pelagio, quartus,
de Kanonica ; quintus, de Petraria ; sextus similiter de Petraria ;
septimus, de Gramaticorum scola, qui domo etiam archiepiscopi
prebet ingressum.

---

1. On sait qu'à cette époque la plupart des maisons n'avaient pas d'étages
et les églises à tribunes étaient rares.
2. C'est-à-dire dans les absidioles. Voir sur ces fenêtres López-Ferreiro,
t. III, p. 125, et Conant, *op. cit.*, p. 29 : la correction que ce dernier apporte
au texte, n. 1, me paraît discutable.
3. Ces trois portails principaux sont décrits en détail plus loin.
4. Ou vantaux.

rablement construite, grande, spacieuse, claire, de dimensions harmonieuses, bien proportionnée en longueur, largeur et hauteur, d'un appareil plus admirable qu'on ne peut l'exprimer et même elle est construite « en double » [à deux étages] [1] comme un palais royal.

Celui qui parcourt les parties hautes, s'il y est monté triste, s'en va heureux et consolé, après avoir contemplé la beauté parfaite de cette église.

3. *Les fenêtres.*

Les fenêtres garnies de vitraux qui se trouvent dans cette basilique sont au nombre de soixante-trois ; au-dessus de chacun des autels qui entourent le déambulatoire [2], il y en a trois ; dans les parties hautes de la basilique autour de l'autel de Saint-Jacques, il y a cinq fenêtres par lesquelles l'autel de l'apôtre est bien éclairé ; dans le palais [galeries hautes] les fenêtres sont au nombre de quarante-trois.

4. *Les portails.*

Cette église compte trois portails principaux [3] et sept petits : l'un qui est tourné vers l'occident ; c'est le principal, un autre vers le midi, un autre vers le nord ; et à chaque portail principal, il y a deux entrées et chaque entrée a deux portes [4]. Le premier des sept petits portails est appelé portail de Notre-Dame [5], le second, de la Voie sacrée [6], le troisième, de Saint-Pélage [7], le quatrième du chapitre [8], le cinquième, de la Perrière [9], le sixième de même [10], le septième, de l'école de grammaire [11] ; il donne accès aussi au palais archiépiscopal.

5. C'est par là que l'on se rendait à Notre-Dame de *Corticela*. LÓPEZ-FERREIRO, III, p. 124.

6. Il se trouvait d'après LÓPEZ-FERREIRO, *ibid.*, dans le déambulatoire, à gauche de la chapelle du Saint-Sauveur ; il a été remplacé par celui qui donne aujourd'hui accès à Notre-Dame la Blanche.

7. Ainsi appelé parce qu'il servait aux moines de *Antealtares* (*San Pelayo*) c'est l'actuelle Porte Sainte.

8. Dans le bras du transept nord où se trouve l'actuelle chapelle du Pilar.

9. C'est-à-dire d'après LÓPEZ-FERREIRO, *ibid.*, de l'atelier des tailleurs de pierre, peut-être parce que de ce côté-là on travaillait au cloître ; c'est l'actuelle porte du cloître.

10. Elle ouvrait dans le mur latéral de droite.

11. Elle s'ouvrait, selon LÓPEZ-FERREIRO, en face de la précédente, son

[5]. *De fonte Sancti Jacobi.*

¶ Cum nos, gens gallica [a] apostolicam basilicam ingredi volumus, per partem septemtrionalem intramus ; ante cujus introitum est, juxta viam, hospitale pauperum peregrinorum sancti Jacobi et inde habetur [b], ultra viam scilicet, quidam paradisus, ubi sunt gradus descensionis novem. In fine vero graduum ejusdem paradisi,
FITA 49. fons mirabilis habetur cui similis in toto mundo non || invenitur. Habet enim fons ille in pede tres gradus lapideos, super quos sita est quedam pulcherrima conca lapidea, instar parapsidis vel bacinni [c], rotunda et cavata, que etiam tanta habetur, quia largiter possunt in ea [d] balneari ut puto quindecim homines. In medio cujus sita est columpna erea inferius grossa, septem quadris apta, decenti altitudine longa ; de cujus cacumine quatuor procedunt leones, per quorum ora quatuor exeunt limphe flumina, ad reficiendum beati Jacobi peregrinos et cives. Que etiam flumina postquam egrediuntur ab oribus leonum, ilico labuntur in eadem conca inferius, et ab hinc exeuntes per quoddam ejusdem conque foramen, subtus terram recedunt. Sicut videri nequit unde aqua venit, sic nec videri valet quo vadit. Est autem limpha illa dulcis, nutribilis, sana, clara, obtima, yeme calida, estate temperata. In prefata vero columpna,
Fol. 18 (CLXX). he littere scripte hoc modo in duabus lineis || sub pedibus leonum habentur per circuitum :

✠ *Ego Bernardus Beati Jacobi TS.* [e] *hanc aquam huc adduxi et presens hopus composui, ad mee et animarum meorum parentum remedium* E.I.C.L.X., III. *idus aprilis.*

a. Videtur quod sanctus Calixtus fuit galicus nacione *ajouté en marge au XIVe siècle C.*

b. habentur *corr. en* habetur *C.*

c. paropsidis vel baciuni *Fita.*

d. *Fita om.* in ea.

e. *Au-dessus en interligne* thesaurarius *C.*

5. *La fontaine Saint-Jacques.*

Quand nous autres, gens de France, voulons pénétrer dans la basilique de l'apôtre, nous entrons par le côté nord. Devant la porte se trouve au bord de la route, l'hospice des pèlerins pauvres de Saint-Jacques et au delà, débordant la route, s'étend un parvis auquel on accède en descendant neuf [1] marches. Au bout des degrés de ce parvis se trouve une fontaine [2] admirable qui n'a pas son pareil dans le monde entier ; cette fontaine repose sur un socle à trois degrés qui supporte une très belle vasque de pierre, ronde et creuse, qui a la forme d'une coupe [3] ou d'une cuve et qui est si grande que quinze hommes, il me semble, pourraient s'y baigner à l'aise. Au milieu s'élève une colonne [obélisque ?] de bronze qui s'élargit à la base et comporte sept panneaux carrés [4], elle est d'une hauteur bien proportionnée. Au sommet se dressent quatre lions, de la gueule desquels jaillissent quatre jets d'eau pour l'usage des pèlerins de Saint-Jacques et des habitants ; l'eau qui sort de la gueule des lions retombe aussitôt dans la vasque qui se trouve au-dessous ; de là, elle s'écoule par une ouverture dans la conque et se perd dans le sol. Ainsi, l'on ne peut voir ni d'où l'eau vient, ni où elle va ; de plus, cette eau est douce, fortifiante, saine, claire, excellente, chaude l'hiver, fraîche l'été. Sur la susdite colonne, l'inscription suivante est gravée de cette façon sur deux lignes aux pieds des lions :

+ Moi, Bernard [5], trésorier de Saint-Jacques, j'ai amené l'eau ici et élevé ce monument pour le salut de mon âme et de celle de mes parents le 3 des ides d'avril de l'an de l'ère 1160 (11 avril 1122).

nom laisse supposer que le palais épiscopal abritait une école, comme c'est le cas fréquent au moyen âge.

1. Au XVIIIe siècle, le pèlerin picard dit encore qu'il faut descendre pour accéder à cette place. BONNAULT D'HOUËT, p. 80.

2. Sur la construction de cette fontaine, voir LÓPEZ-FERREIRO, t. IV, p. 65 et suiv. ; elle fut détruite au XVe siècle et on en éleva une autre du côté opposé, place de la Plateria, qui existe encore.

3. A proprement parler une écuelle.

4. C'est-à-dire qu'elle est de plan heptagonal ; CONANT, p. 52, propose la traduction *of seven pieces fitted together.*

5. Sur Bernard le trésorier qui prit une part active aux travaux de la

[6]. *De paradiso urbis.*

⁋ Post fontem habetur paradisus, ut diximus ᵃ, pavimento lapideo factus, in quo crusille piscium id est intersigna ᵇ ‖ beati Jacobi venduntur peregrinis, et butti vinarii, sotulares, pere cervine, marsupia, corrigie, cingule et omne genus erbarum medicinalium, et cetera pigmenta, et alia multa ibi ab vendendum habentur. Cambiatores vero ᶜ et hospitales, ceterique mercatores, in via Francigena habentur. Paradisus vero ille tantus est, quantum ᵈ jactus est lapidis in utraque parte.

[7]. *De porta septemtrionali.*

⁋ Post paradisum namque illum, septemtrionalis porta Francigena ejusdem basilice Sancti Jacobi invenitur, in qua duo introitus habentur, qui etiam his operibus pulcre sculpuntur. In unoquoque introitu exterius sex habentur columpne, alie marmoree, alie lapidee ; ad dexteram tres et ad levam tres, sex scilicet in uno introitu, et sex in alio. Itaque duodecim habentur columpne. Super vero

a. divinus *Fita.*
b. itidem inter signa *Fita.*
c. *Om. Fita.*
d. quantus *Fita.*

---

basilique sous le pontificat de Diego Gelmirez, voir LÓPEZ-FERREIRO, t. IV, p. 172 et suiv.

1. Nous traduisons le mot *paradisus* par le mot qui en dérive : *parvis.*

2. L'erreur de lecture de FITA *ut divinus* pour *ut diximus* amène BONNAULT D'HOUËT à la traduction suivante : « Après la fontaine, voici le paradis à l'instar de celui de Dieu. »

3. Sur l'origine de l'emploi des coquilles comme insignes des pèlerins de Saint-Jacques *, voir LÓPEZ-FERREIRO, II, p. 57 ; la vente de ces insignes était très importante et a été fréquemment réglementée ainsi qu'en té-

6. *Le parvis* [1] *de la ville.*

Après la fontaine se trouve comme nous l'avons dit [2] le parvis ; son pavement est de pierre ; c'est là qu'on vend aux pèlerins des petites coquilles [3] de poissons qui sont les insignes de Saint-Jacques ; on y vend aussi des outres [4] de vin, des souliers [5], des besaces en peau de cerf [6], des bourses, des courroies, des ceintures et toutes sortes d'herbes médicinales et d'autres drogues et bien d'autres choses encore. On rencontre aussi sur le chemin de France, des changeurs, des aubergistes et divers marchands.

Les dimensions du parvis sont, en longueur et en largeur, d'un jet de pierre.

7. *Le portail septentrional.*

Après ce parvis, on trouve le portail septentrional [7] de la basilique Saint-Jacques, appelé porte de France ; il a deux entrées qui sont l'une et l'autre ornées de belles sculptures. Chaque entrée compte à l'extérieur six colonnes, les unes de marbre, les autres de pierre, trois à droite et

moignent les « *tumbos* » ou cartulaires de Saint-Jacques de Compostelle ; au XIIIe siècle, cent boutiques en vendaient. Cf. LÓPEZ-FERREIRO, t. V, p. 38, 39, 98, App. 109 et passim.

4. *Butti* pourrait se traduire petit tonneau de bois (nous rejetons la traduction de BONNAULT D'HOUËT, p. 202, *bous*, c'est-à-dire grande bouteille) mais nous préférons traduire par outre (castillan *bota*), car c'est toujours dans des outres qu'encore maintenant les paysans espagnols emportent leur boisson.

5. Ce devaient être des espadrilles ; K. J. CONANT croit qu'il s'agit de médailles ou de choses analogues, mais je ne vois pas de raison de donner un sens nouveau au mot *sotulares*, d'un emploi fréquent au moyen âge dans le sens de souliers ; et on conçoit que c'étaient là des objets utiles pour les pèlerins qui avaient fourni à pied une longue étape.

6. Ce sont les « panetières » avec lesquelles on représente les pèlerins. MÂLE, *op. cit.*, p. 294.

7. Ce portail a disparu et fut remplacé par l'actuelle porte de style classique (*Puerta de la Azabacheria*) dans la seconde moitié du XVIIIe siècle. Quelques bas-reliefs furent remployés. Cf. LÓPEZ-FERREIRO, t. III, p. 115 et suiv.

columpnam que est inter duos portales deforis in pariete, residet
Dominus in sede majestatis et manu dextera benedictionem innuit
et in sinistra librum tenet. Et in circuitu troni ejus sunt quatuor
evangeliste quasi tronum sustinentes, et ad dexteram ejus, paradisus est insculptus in quo ipse Dominus est in alia effigie, Adam
et Evam corripiens de peccato ; et ad levam est similiter in alia
persona, eiciens eos a paradiso. Ibidem vero circum circa, multe
immagines sanctorum, bestiarum, hominum, angelorum, femina-
rum, florum, ceterarumque creaturarum sculpuntur, quarum essen-
ciam et qualitatem pre magnitudine sua narrare non possumus.
Sed tamen super portam que est ad sinistram, cum basilicam intramus, in ciborio scilicet, beate Marie Virginis Annunciacio scul-
FITA 51.   pitur ; loqui-‖-tur etiam ibi angelus Gabriel ad eam ; ad levam vero
Fol. 18 *v⁰.*   super portas in laterali ‖ introitu, menses anni et alia multa opera
pulcra sculpuntur. Duo vero leones magni et feroces forinsecus
in parietibus habentur, qui valvas quasi observantes semper respi-
ciunt, unus ad dexteram et alius ad levam. In liminaribus vero
sursum quatuor apostoli habentur, manibus sinistris libros singuli
singulos tenentes, et dextris manibus elevatis introeuntibus basilicam innuunt benedictionem. Petrus est in introitu sinistrali ad
dexteram, Paulus ad levam, et in dextrali introitu Johannes apostolus ad dexteram, et beatus Jacobus ad levam. Sed et super
singula apostolorum capita quorumdam boum ex liminaribus
exiliencium capita sculpuntur.

[8]. *De porta meridiana.*

❡ In meridiana porta apostolice basilice duo introitus, ut diximus,

---

1. Le bas-relief représentant cette scène a été, dit LÓPEZ-FERREIRO,
t. III, p. 117, n. 1, remployé ; il se trouve maintenant au-dessus de la porte
d'une propriété dans le quartier de Pitelos à Santiago.

trois à gauche, soit six à une entrée, six à l'autre, ce qui fait en tout douze colonnes. Au-dessus de la colonne qui est entre les deux portes à l'extrérieur, sur le mur, le Seigneur est assis, en majesté, donnant sa bénédiction de la main droite et tenant dans la gauche un livre. Tout autour de son trône et semblant le soutenir, on voit les quatre évangélistes. A droite, les sculptures représentent le Paradis où le Seigneur figure une autre fois reprochant à Adam et à Ève leur péché [1] ; et à gauche, il s'y trouve encore sous une autre effigie, les chassant du paradis [2].

En outre, on a sculpté tout autour des figures de saints, de bêtes, d'hommes, d'anges, de femmes, de fleurs et d'autres créatures dont nous ne pouvons donner la description et le caractère, à cause de leur grand nombre. Nous dirons cependant qu'au-dessus de la porte de gauche, en entrant dans la basilique, sur le tympan, l'Annonciation de la bienheureuse Vierge Marie est représentée, avec l'ange Gabriel qui lui parle. A gauche aussi, au-dessus des portes, sur les côtés, figurent les mois de l'année [3] et beaucoup d'autres belles œuvres de sculpture. Deux grands lions à l'air féroce se trouvent contre le mur à l'extérieur, le regard toujours fixe comme pour surveiller l'entrée, l'un à droite, l'autre à gauche. En haut des piédroits [4], quatre apôtres sont représentés, tenant chacun un livre dans la main gauche et semblant bénir de leur main droite levée les fidèles qui entrent dans la basilique. A la porte de gauche, Pierre se trouve à droite et Paul à gauche ; et à la porte de droite, c'est l'apôtre Jean qui est à droite et saint Jacques à gauche. Au dessus de la tête de chaque apôtre, des têtes de bœuf sont sculptées en haut relief sur les montants.

8. Le portail méridional.

Le portail méridional [5] de la basilique apostolique comporte, ainsi

2. Ce bas-relief a été transporté sur la façade méridionale au-dessus de la porte de gauche du portail des orfèvres.

3. Le sagittaire qui représentait novembre a été remployé au portail méridional ainsi que d'autres fragments de sculpture.

4. Le mot *liminare* désigne en général le seuil ; mais il s'agit ici des jambages ou piédroits (et non des linteaux comme dit V. MORTET, *Textes...*, p. 496) au haut desquels on peut encore voir aujourd'hui — du moins au portail sud — ces figures d'apôtres.

5. C'est celui qu'on appelle aujourd'hui porte de *las Platerias* ou des

habentur et quatuor valve. In dextrali vero introitu ejus, de foris scilicet, in primo ordine super portas, dominica Tradicio miro modo sculpitur ; ibi Dominus ligatur manibus Judeorum ad pilarem ; ibi verberatur corrigiis ; ibi sedet Pilatus in cathedra, quasi judicans eum. Desuper vero in alio ordine beata Maria, mater Domini, cum filio suo in Bethleem sculpitur, et tres reges qui veniunt ad visitandum puerum cum matre, trinum munus ei offerentes et stella, et angelus eos ammonens ne redeant ad Herodem. In liminaribus ejusdem introitus sunt duo apostoli, quasi valvarum custodes, unus ad dexteram et alius ad levam [a]. Similiter in alio introitu sinistrali, in liminaribus scilicet, alii duo apos-

FITA 52. toli habentur et in primo ordine ejusdem introitus super por-‖-tas scilicet dominica Temptacio sculpitur. Sunt enim ante Dominum tetri angeli quasi larve statuentes eum supra pinnaculum Templi ; et alii offerunt ei lapides ammonentes ut faciat ex illis panem, et alii ostendunt ei regna mundi, fingentes se ei daturos ea, si cadens adoraverit eos, quod absit. Sed alii angeli candidi videlicet boni, post tergum ejus et alii etiam desuper turibulis ei ministrantes habentur. Quatuor leones in eodem portallo habentur, unus ad dexteram in uno introitu, et alius in altero. Inter duos

a. sinistram *Fita*.

---

orfèvres ; il a été étudié bien souvent depuis López-Ferreiro, t. III, p. 96 et suiv., notamment par Bertaux, dans l'*Histoire de l'art* d'André Michel, t. II, 1, p. 250, par les archéologues espagnols Lampérez et Gómez Moreno, *op. cit.*, par l'Américain Kingsley Porter, *Romanesque sculpture of the pilgrimage roads*. MM. Paul Deschamps, dans le *Bulletin monumental*, t. LXXXII, 1923, *Notes sur la scupture romane en Languedoc et dans le nord de l'Espagne*, et Georges Gaillard, dans la *Gazette des Beaux-Arts*, t. I, VIe période, 1929, pp. 341-378, *Notes sur la date des sculptures de Compostelle et de Leon*, ont étudié l'un et l'autre de façon très pertinente tous les problèmes que ce portail soulève. Nous ne pouvons mieux faire que de

que nous l'avons dit, deux portes et quatre vantaux. A la porte de droite, extérieurement, on a sculpté sur le premier registre au-dessus des vantaux la Trahison du Christ de façon remarquable. Ici, Notre-Seigneur est attaché à la colonne par la main des Juifs ; ici il est flagellé ; là, Pilate siège à son tribunal comme pour le juger. Au-dessus, sur un autre registre la bienheureuse Marie, mère du Seigneur, est représentée avec son fils à Bethléem ainsi que les trois rois qui viennent visiter l'enfant et sa mère, lui offrant leur triple présent, puis l'étoile et l'ange les avertissant de ne pas retourner auprès d'Hérode [1]. Sur les jambages de cette même porte dont ils semblent garder l'entrée, il y a deux apôtres, l'un à droite, l'autre à gauche. De même, à la porte de gauche, il y a sur les montants deux autres apôtres [2] ; au premier registre au-dessus de l'entrée est sculptée la Tentation de Notre-Seigneur ; il y a en effet devant le Christ d'affreux anges ressemblant à des monstres qui l'installent sur le faîte du temple ; d'autres lui présentent des pierres, l'invitant à les changer en pain ; d'autres lui montrent les royaumes de ce monde, feignant de vouloir les lui donner si, tombant à genoux devant eux, il les adore — ce qu'à Dieu ne plaise ! Mais d'autres anges purs, les bons anges, les uns derrière lui, les autres au-dessus, viennent l'encenser et le servir [3].

Quatre lions se trouvent à ce portail, un à droite et un à gauche de chaque entrée ; entre ces deux entrées, au-dessus du trumeau, il y a deux autres lions farouches adossés l'un à l'autre [4]. Onze colonnes flanquent ce portail : à l'entrée de droite, cinq à droite et à l'entrée de gauche, tout

renvoyer à leurs articles ainsi qu'à la thèse de G. Gaillard sur l'origine de la sculpture romane en Espagne.

1. Tous ces bas-reliefs, dont certains fâcheusement mutilés, sont toujours en place, voir Pl. IV.

2. MM. PORTER et GAILLARD ont fait remarquer à juste titre qu'en réalité il y a là, sur les jambages, seulement un apôtre, saint André, et trois autres personnages, Moïse, un évêque et une femme tenant un lion. K. PORTER conclut à un remaniement et même une reconstruction postérieure et G. GAILLARD se contente de voir là un défaut d'observation de notre auteur qui, ayant noté les quatre apôtres du portail nord, se borne à dire qu'il y en a autant au portail sud.

3. La scène de la Tentation ainsi qu'elle est décrite ici est toujours en place.

4. Ces deux lions dos à dos sont toujours là.

vero introitus, in pilario sursum ‖ alii duo feroces leones habentur, quorum unus posteriora sua ad alterius posteriora tenet. Undecim vero columpne in eodem portali [a] habentur, in introitu dextrali, scilicet ad dexteram, quinque, et in sinistrali introitu, ad levam videlicet, totidem. Undecima vero inter duos introitus est, que ciborios separat. Que scilicet columpne alie marmoree, alie lapidee, mirabiliter immaginibus, floribus, hominibus, avibus, animalibusque sculpuntur. He vero columpne albi marmoris sunt. Nec est oblivioni tradendum quod mulier quedam juxta dominicam Temptacionem stat, tenens inter manus suas caput lecatoris sui fetidum, a marito proprio abscisum, osculans illut bis per diem, coacta a viro suo. O quam ingentem et admirabilem justiciam mulieris adulterate, omnibus narrandam ! In superiori vero ordine super quatuor valvas, versus palacium basilice, quidam ordo mirabilis ex lapidibus albi marmoris pulcre refulget. Stat enim Dominus ibi rectus, et sanctus Petrus ad sinistram ejus, claves suas manibus tenens, et beatus Jacobus ad dexteram, inter duas arbores cipressinas et sanctus Johannes juxta eum, frater ejus. Sed et ad dexteram et levam apostoli ceterique habentur. Est igitur murus

desursum ‖ et deorsum, ad dexteram scilicet et levam, obtime sculptus, floribus videlicet, hominibus, sanctis, bestiis, avibus, piscibus, ceterisque operibus, que a nobis comprehendi naracione nequeunt. Sed quatuor angeli super ciborios habentur, cornua singula [b] singuli tenentes, judicii diem prenunciantes [c].

[9]. *De porta occidentali.*

ꟗ Porta occidentalis, habens duos introitus, pulcritudine, magnitudine et operacione alias transcendit portas. Ipsa major et pul-

a. portallo *Fita.*
b. *om. Fita.*
c. pronunciantes *Fita.*

autant à gauche ; quant à la onzième, elle se trouve entre les deux portes divisant les *ciborii* [passages d'entrée].

Ces colonnes sont les unes de marbre, les autres de pierre, admirablement sculptées de figures diverses : fleurs, hommes, oiseaux, animaux. Le marbre de ces colonnes est blanc. Et il ne faut pas oublier de mentionner la femme qui se trouve à côté de la Tentation du Christ : elle tient entre ses mains la tête immonde de son séducteur qui fut tranchée par son propre mari et que deux fois par jour [1] sur l'ordre de celui-ci, elle doit embrasser. O quel terrible et admirable châtiment de la femme adultère, qu'il faut raconter à tous !

A la partie supérieure, au-dessus des autres ouvertures, vers les galeries hautes de la basilique, une décoration admirable faite de marbre blanc resplendit magnifiquement. C'est là, en effet, que se tient Notre-Seigneur debout avec saint Pierre à sa gauche, tenant à la main les clefs, et le bienheureux Jacques à droite entre deux cyprès [2], et saint Jean son frère, auprès de lui ; enfin, à droite et à gauche, les autres apôtres. En haut et en bas, à droite et à gauche, tout le mur est magnifiquement décoré de fleurs, d'hommes, de saints, d'animaux, d'oiseaux, de poissons et d'autres sculptures que nous ne pouvons décrire en détail. Mais il faut noter les quatre anges qui se trouvent au-dessus des *ciborii* [passages d'entrée] [3], avec chacun une trompette pour annoncer le jour du Jugement.

9. *Le portail occidental.*

Le portail occidental [4], avec ses deux entrées, surpasse par sa beauté, sa grandeur et le travail de sa décoration les autres portails. Il est plus

1. E. BERTAUX (*Histoire de l'art* d'André MICHEL, *chap. cité*, p. 250) s'était refusé à croire qu'il s'agissait bien là d'une tête de mort, mais les photographies que donne G. GAILLARD ne permettent aucun doute à ce sujet ; quant à la légende nous en laissons la responsabilité à l'auteur du *Guide*.

2. Au sujet de saint Jacques entre les deux cyprès, voy. E. MÂLE, *op. cit.*, p. 293, et les divers articles cités plus haut.

3. On voit encore très bien ces anges dans les écoinçons, à droite et à gauche de l'archivolte de chacune des deux portes.

4. Le portail occidental que décrit le *Guide* a entièrement disparu, remplacé dans le dernier tiers du XIIe siècle par le portique de *la Gloria* qui existe encore derrière la façade actuelle.

crior aliis habetur et mirabilius operatur, multisque gradibus deforis, columpnisque diversis marmoreis, speciebusque variis et
diversis modis decoratur, immaginibusque hominibus, feminis,
animalibus, avibus, sanctis, angelis, floribus, diversisque generum
operibus sculpitur. Cujus opera tanta sunt quia a nobis narracio-
nibus comprehendi nequeunt. Sursum tamen dominica Transfi-
guracio qualiter in monte Thabor fuit facta, mirabiliter sculpitur.
Est enim Dominus ibi in nube candida, facie splendens ut sol,

Fol. 19 v°. veste refulgens ut nix et Pater desuper loquens ad ipsum ; ‖ et
Moyses et Elias qui cum illo apparuerunt, loquentes ei excessum
quem completurus erat in Jherusalem. Ibi vero beatus Jacobus
est et Petrus et Johannes quibus Transfiguracionem suam pre
omnibus Dominus revelavit.

[10]. *De turribus basilice.*

❡ Novem vero turres in eadem ecclesia habiture sunt, due scilicet
super portalem fontis ᵃ et due super portalem meridianum, et due
super portalem occidentalem, et due super singulas vites, et alia ‖

FITA 54. major super crucem in medio basilice. His ceterisque operibus
pulcherrimis, Beati Jacobi basilica obtime gloriosa refulget. Est
etiam tota ex fortissimis lapidibus vivis, brunis scilicet et duris-
simis ut marmor facta, et deintus diversis speciebus depicta et
deforis teolis et plumbo obtime cooperta. Sed ex his que diximus
alia sunt jam ᵇ omnino adimpleta, aliaque adimplenda.

a. *Fita omet* : fontis et due super portalem.
b. eam *Fita*.

---

1. L'omission d'un membre de phrase par FITA rendait le compte de ces
neufs tours impossible à faire.

grand et plus beau que les autres et travaillé de façon encore plus admirable ; on y accède du dehors par beaucoup de marches ; il est flanqué de colonnes de marbres divers et décoré de figures et d'ornements variés : hommes, femmes, animaux, oiseaux, saints, anges, fleurs et ornements de tous genres. Sa décoration est si riche que nous ne pouvons la décrire en détail. Signalons cependant, en haut, la Transfiguration de Notre-Seigneur, telle qu'elle eut lieu sur le Thabor et qui est sculptée avec un art magnifique. Notre-Seigneur est là, dans une nuée éblouissante, le visage resplendissant comme le soleil, les vêtements brillants comme la neige et le Père au-dessus lui parlant ; et l'on voit Moïse et Élie qui apparurent en même temps que lui et s'entretiennent de sa destinée qui devait s'accomplir à Jérusalem. Là aussi est saint Jacques avec Pierre et Jean auxquels, avant tous autres, Notre-Seigneur manifesta sa Transfiguration.

10. *Les tours de la basilique.*

Il y aura neuf tours [1] dans cette église : deux au-dessus du portail de la fontaine [2] et deux au-dessus du portail méridional ; deux au-dessus du portail occidental et deux au-dessus de chaque escalier à vis [3] et la plus grande surmontera la croisée du transept [4] au milieu de la basilique. Par là et par les autres très beaux détails de son œuvre, la basilique de Saint-Jacques resplendit de gloire magnifiquement. Elle est tout entière construite en pierres très solides, vives, brunes, et aussi dures que le marbre ; à l'intérieur, elle est décorée de peintures variées et à l'extérieur parfaitement couverte de tuiles [5] et de plomb. Mais de tout ce dont nous venons de parler, une partie est complètement terminée, une autre à finir.

2. Ou portail nord.

3. Ces deux tours ont été localisées par López-Ferreiro, t. III, p. 94, qui en a retrouvé les vestiges dans les angles formés par les bras du transept et la nef ; les escaliers descendaient dans la crypte ou cathédrale primitive ; il reste encore la trace des portes qui y donnaient accès ; M. Conant donne la photographie des soubassements de ces tours, fig. 13, 18.

4. Cette tour lanterne a disparu, remplacée par une coupole.

5. *Teola*, ce mot dérive de *tegula*, tuile. Cf. Du Cange, *teolica* qui a donné en vieux français *taulisse*, toit de tuiles.

[11]. *De altaribus basilice* [a].

℺ Altaria hujus basilice hoc ordine habentur : in primis juxta portam Francigenam que est in sinistrali parte, est altare sancti
Nicholai [b], inde est altare sancte Crucis ; inde est, in corona scilicet,
altare sancte Fidis virginis ; inde altare sancti Johannis [c] apostoli
et evangeliste, fratris sancti Jacobi ; inde est altare sancti Salvatoris in majori scilicet capite ; inde est altare sancti Petri apostoli ;
inde est altare sancti Andree ; inde est altare sancti Martini episcopi, inde est altare sancti Johannis Babtiste [d]. Inter altare sancti
Jacobi et altare sancti Salvatoris, est altare sancte Marie Magdalene,
ubi decantantur misse matutinales peregrinis. Sursum in palacio
ecclesie, tria [e] altaria solent esse, magister quorum est altare
sancti Michaelis arcangeli ; et aliut altare est, in dextrali parte
scilicet, sancti Benedicti ; et aliut est altare in sinistrali parte sanc-

a. *Ce paragraphe figure en entier dans* R.
b. Nicholay R.
c. Joannis R.
d. Baptiste R.
e. ecclesie sunt tria altaria majus quorum est sancti Michaelis R.

---

1. Ces autels correspondent aux absidioles décrites plus haut, p. 88 ; je
ne vois pas la nécessité de traduire *altaria*, par chapelle, comme le fait K. J.
CONANT, p. 55.
2. Il serait intéressant de faire une étude approfondie de ces autels et
chapelles et de rechercher en particulier les raisons qui ont dicté le choix
de leurs vocables. Saint Nicolas a dû être choisi comme patron des voyageurs et des pèlerins ; son tombeau à Bari, dans les Pouilles, était un centre
de pèlerinage très fréquenté. Cette chapelle dédiée à saint Nicolas a disparu,
pour laisser place à un passage menant à la chapelle de *la Corticela*.
3. L'autel de la Sainte-Croix devait sans doute son nom à un morceau

11. *Les autels de la basilique.*

Les autels [1] de la basilique se trouvent dans cet ordre : tout d'abord, auprès de la porte de France, qui est à gauche, l'autel de saint Nicolas [2], puis l'autel de la sainte Croix [3], puis dans la couronne [déambulatoire], l'autel de sainte Foy [4] vierge, puis l'autel de saint Jean apôtre et évangéliste, frère de saint Jacques, puis l'autel du Saint-Sauveur [5], dans la grande chapelle absidale, puis l'autel de l'apôtre saint Pierre, puis l'autel de saint André [6], puis l'autel de saint Martin [7], évêque, puis l'autel de saint Jean-Baptiste. Entre l'autel de saint Jacques et l'autel du Saint-Sauveur se trouve l'autel de sainte Marie-Madeleine [8] où l'on chante pour les pèlerins les messes matinales. En haut, dans le palais [tribunes] de l'église, il y a trois autels [9] : le maître-autel qui est dédié à saint Michel archange [10], un autre à droite qui est dédié à saint Benoît et un autre à

de la vraie Croix qui y était vénéré. La tradition voulait que Calixte II, lors de son voyage à Compostelle, ait fait cadeau d'un fragment du *Lignum Crucis* au prieuré de Cebrero en Galice, dépendant de Saint-Géraud d'Aurillac. Voir p. 5, n. 3. Rien n'empêche de croire qu'il ait fait ici semblable cadeau.

4. Cet autel dédié à sainte Foy (aujourd'hui *San Bartolomé*) rappelle la dévotion à la jeune martyre dont les pèlerins de France avaient en venant visité le tombeau à Conques en Rouergue. V. plus haut p. 3 et 51.

5. La chapelle du Saint-Sauveur (aujourd'hui dite du roi de France), c'est-à-dire du Christ, était encadrée par celles de ses deux apôtres les plus marquants, saint Jean l'Évangéliste (dont le vocable n'a pas changé) et saint Pierre (dite aussi maintenant de la Vierge de la Azucena).

6. La chapelle dédiée à cet apôtre et les suivantes occupaient l'emplacement actuel de la chapelle *del Pilar*.

7. Le sanctuaire du grand évêque français, saint Martin de Tours, était une des étapes de la route de Saint-Jacques. V. plus haut, p. 3 et 61.

8. Sainte Marie-Madeleine avait également son sanctuaire que les pèlerins de France visitaient à Vézelay.

9. Ces trois autels se trouvaient au revers de la façade occidentale.

10. Il était d'usage dans les églises carolingiennes de consacrer aux saints anges et en particulier à saint Michel un ou plusieurs autels à l'occident. Voir à ce sujet J. VALLERY-RADOT, *Notes sur les chapelles hautes dédiées à saint Michel*, dans *Bulletin monumental*, 1929, p. 453-478.

torum scilicet Pauli apostoli et Nicholai episcopi, ubi etiam [a] solet esse archiepiscopi capella.

[12]. *De corpore et altare Sancti Jacobi* [b].

FITA 55. ❡ Set enim [c] de qualitate ecclesie actenus [d] tractavimus ; ‖ nunc de apostolico altari venerabili nobis est tractandum. In prefata siquidem venerabili basilica, beati Jacobi corpus venerandum sub altari majori quod sub ejus honore fabricatur honorifice, ut fertur, jacet, arca [e] marmorea reconditum, in obtimo arcuato [f] sepulcro, quod miro opere ac magnitudine condecenti operatur. Quod etiam corpus *Fol. 20* immobile esse peribetur, testante sancto Theode-‖-miro ejusdem (CLXXII). urbis episcopo, qui illud olim repperit et nullatenus movere potuit. Erubescant igitur emuli transmontani, qui dicunt se aliquid ex eo, vel reliquias ejus habere. Apostolicum namque corpus totum ibi habetur, carbunculis paradisiacis divinitus illustratur, odoribus [g] divinis indeficientibus fraglantibus honestatur, cereisque celestibus fulgentibus decoratur, angelicisque [h] obsequiis sedule honoratur. Super cujus sepulcrum est altare parum [i] quod ejusdem discipuli, ut fertur, fecerunt ; quod etiam propter amorem apostoli discipulorumque ejus a nullo postea voluit deleri. Et super illud est altare magnum et mirabile quod habet in altitudine .v. palmos et in longitudine .XII. et in latitudine .VII. Sic propriis manibus ego mensuravi. Est igitur altare parum [j] ex tribus lateribus ad

a. *Om. R.*
b. *Ce paragraphe figure presque en entier dans R.*
c. hec quidem *R.*
d. hactenus *R.*
e. archa *R.*
f. archuato *R.*
g. hodoribus *R.*
h. *R omet* que.
i. parvum *Fita.*
j. parvum *Fita.*

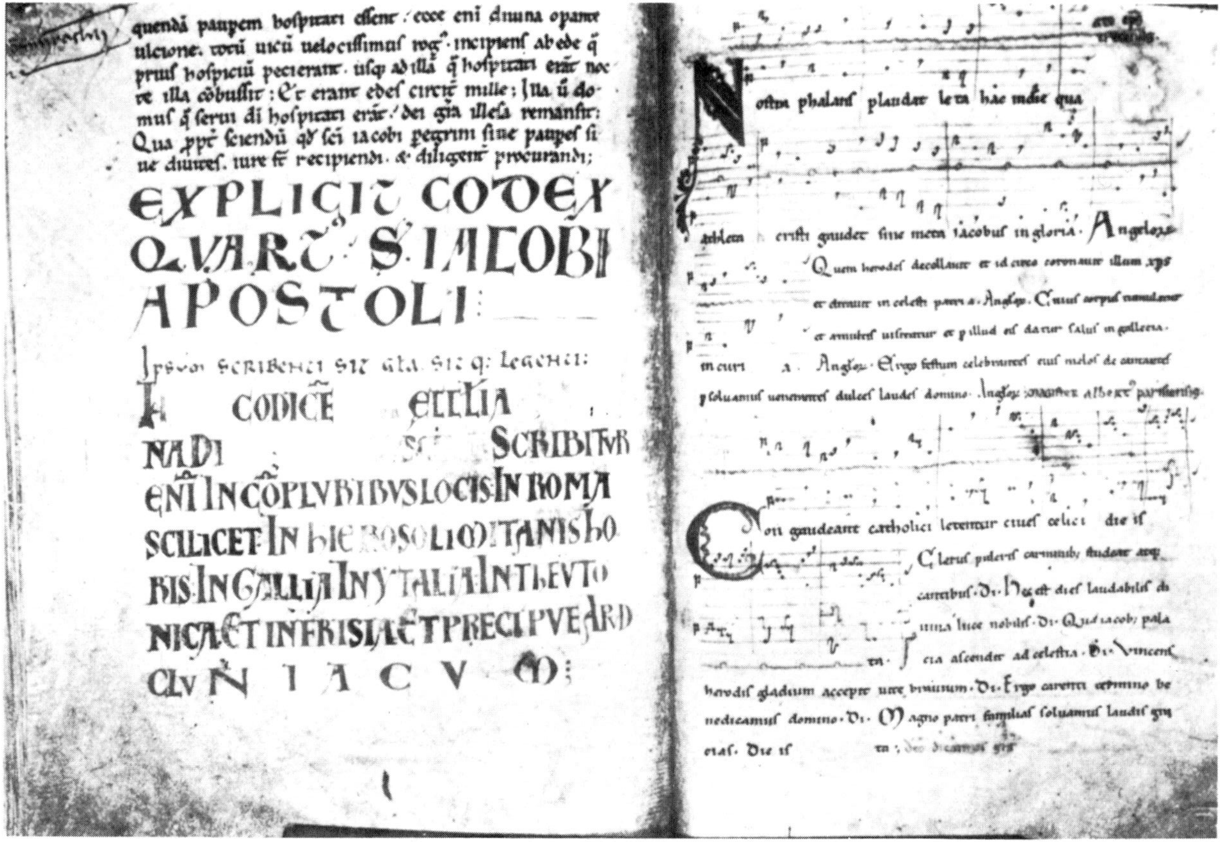

Cliché Georges Gaillard.

CODEX CALIXTINUS (XIIe S.) EXPLICIT DU GUIDE.

gauche [1] sous le vocable des saints Paul, apôtre, et Nicolas, évêque ; c'est là que se trouve la chapelle de l'archevêque.

12. *Le corps et l'autel de saint Jacques.*

Jusqu'ici nous avons parlé des caractéristiques de l'église, maintenant il nous faut traiter du vénérable autel de l'apôtre. Dans cette vénérable basilique, repose, selon la tradition, le corps révéré de saint Jacques au-dessous du maître-autel élevé magnifiquement en son honneur ; il est renfermé dans une tombe [2] de marbre qu'abrite un très beau sépulcre voûté [3] [confession ?] d'un travail admirable et de dimensions convenables.

Il est certain que son corps est fixé là, à jamais immuable, si l'on en croit le témoignage de saint Théodemir [4], évêque de cette ville, qui le découvrit jadis et ne parvint jamais à le déplacer.

Qu'ils soient donc confondus les rivaux d'outre-monts qui prétendent en avoir quelques parcelles ou conserver des reliques de lui [5]. En effet, le corps de l'apôtre est ici tout entier, ce corps divinement illuminé par des escarboucles paradisiaques, sans cesse honoré de suaves parfums divins, paré de l'éclat de célestes flambeaux et entouré d'égards par les anges empressés.

Sur son sépulcre, est un autel modeste élevé, dit-on, par ses disciples et que par amour pour l'apôtre et ses disciples, nul par la suite n'a voulu détruire. Et au-dessus se trouve un autre autel grand et admirable qui mesure en hauteur cinq palmes, en longueur douze, en largeur sept.

Telles sont du moins les mesures prises de mes propres mains. Le petit

1. On comprend pourquoi l'autel de gauche se trouvait du côté de la chapelle de l'archevêque, car le palais épiscopal du XIIe siècle était adjacent à la tour nord de la façade occidentale.

2. Sur l'*arca marmorica* qui était le mausolée primitif, voir LÓPEZ-FERREIRO, t. I, p. 169, 287 et suiv.

3. K. J. CONANT déclare ce sépulcre voûté imaginaire.

4. Voir sur l'évêque Théodemir LÓPEZ-FERREIRO, t. II, p. 11 et suiv.

5. Sur les reliques de l'apôtre qui seraient conservées ailleurs et notamment à Saint-Sernin de Toulouse, voir LÓPEZ-FERREIRO, t. II, p. 20 et suiv.

dexteram scilicet et levam, et retro, sub eodem altari magno clausum, sed in antea apertum, ita ut videri aperte potest, ablata tabula argentea, altare vetus [a]. Sed si quis coopertorium vel linteamem (*sic*) ad cooperiendum altare apostolicum, amore bcati Jacobi mittere voluerit, de .IX. palmis in latitudine et in longitudine de .XXI. mittere debet. Si vero pallium amore Dei et apostoli quis ad cooperiendum altare, scilicet in antea, miserit, videat ut ejus latitudo .VII. palmis fiat, et longitudo ejus .XIII. ||

FITA 56.

[13]. *De tabula argentea.*

¶ Tabula vero que est ante altare honorifice auro et argento operatur. Sculpitur enim in medio ejus tronus Domini, in quo sunt .XXti. quattuor seniores eo ordine quo beatus Johannes, frater sancti Jacobi, in Apocalipsi sua eos vidit ; duodecim scilicet ad dexteram, totidemque ad levam per circuitum, citaras et fialas aureas plenas odoramentis manibus tenentes. In medio cujus residet Dominus, quasi in sede majestatis, manu sinistra librum vite tenens et dextera benedictionem innuens. In circuitu vero troni ejus, quattuor evangeliste habentur quasi tronum sustinentes. Duodecim vero apostoli ad dexteram ejus et levam ordinati sunt, tres scilicet in primo ordine ad dexteram, et tres in superiori. Similiter sunt ad levam tres in primo ordine inferiori, et tres in superiori. Flores etiam ibi habentur obtimi per circuitum et columpne inter Apostolos pulcherrime. Est etiam tabula operibus decens et obtima ||

Fol. 20 *v*°. his versibus desuper conscripta.

> *Hanc tabulam Didacus presul jacobita secundus*
> *Tempore quinquenni fecit episcopii.*
> *Marcas argenti de thesauro jacobensi*
> *Hic octoginta quinque minus numera.*

a. *La fin du paragraphe* : Sed si..., *et les trois suivants manquent dans* R.

autel est donc enfermé sous le grand, de trois côtés, à droite, à gauche et par derrière, mais la partie antérieure est laissée à découvert, en sorte qu'on peut voir très bien, une fois enlevé le devant d'autel d'argent, l'autel ancien.

Quiconque voudrait, par dévotion envers saint Jacques, envoyer un dessus d'autel ou une nappe pour couvrir l'autel de l'apôtre, devrait lui donner comme dimensions neuf palmes de large et vingt et une de long ; mais si on voulait offrir pour l'amour de Dieu et de l'apôtre un parement pour recouvrir le devant de l'autel, qu'on veille à ce qu'il mesure sept palmes en largeur et treize en longueur.

13. *Le devant d'autel d'argent* [1].

Le parement qui est devant l'autel est un travail magnifique en or et en argent. Au milieu est sculpté le trône de Notre-Seigneur entouré des vingt-quatre vieillards rangés comme les vit le bienheureux Jean, frère de saint Jacques, dans son Apocalypse, c'est-à-dire qu'il y en a douze à droite et autant à gauche, en cercle, tenant dans leurs mains les cithares et les fioles d'or pleines de parfum. Au milieu siège Notre-Seigneur, comme sur un trône de Majesté, ayant dans la main gauche le livre de vie et bénissant de la main droite. Autour du trône et semblant le soutenir, se trouvent les quatre évangélistes ; les douze apôtres sont rangés à droite et à gauche ; trois sur une première rangée à droite et trois au-dessus ; il y en a de même à gauche trois à la première rangée, en bas et trois au-dessus. Enfin, des fleurs magnifiques sont disposées tout autour et de très belles colonnes séparent les apôtres. Ce parement d'un travail remarquable et parfait porte en haut cette inscription en vers :

Diego II [2], évêque de Saint-Jacques, fit ce parement la cinquième année de son épiscopat [3]. Il a coûté au trésor de saint-Jacques quatre-vingts marcs d'argent moins cinq.

---

1. Ce devant d'autel a disparu ; voir la restitution qu'en donne LóPEZ-FERREIRO, t. III, p. 236, qui estime qu'il fut fondu à la fin du XVIIe siècle quand on exécuta celui qui existe encore aujourd'hui.

2. Diego Gelmirez.

3. C'est-à-dire vers 1105, puisqu'il fut élu évêque en 1100, sacré en 1101.

Et deorsum hec littere habentur :
Rex erat Anfonsus, gener ejus dux Raimundus,
Presul prefatus quando peregit opus. ||

[14]. *De cimborio apostolici altaris.*

¶ Cimborius vero qui hoc altare venerandum cooperit, mirabiliter
picturis et debuxaturis speciebusque diversis deintus et deforis
operatur. Est enim quadratus, super quattuor columpnas positus,
altitudine et amplitudine congruenti factus. Deintus vero in primo
ordine, quedam spetiales virtutes in modum mulierum quas Paulus commemorat, octo scilicet, habentur ; in uno quoque angulo,
due sunt. Et super utrarumque capita angeli recti stantes habentur,
qui manibus elevatis tronum qui est in summitate cimborii tenent.
In medio vero troni, Agnus [a] Dei, pede crucem tenens habetur ;
sed angeli tot sunt quot virtutes. Deforis vero in primo ordine,
quattuor angeli habentur qui resurrectionem diei judicii bucinantes
bucinis pronuntiant. Duo sunt antea in facie et duo retro in alia
facie. In eodem vero ordine quattuor prophete habentur, Moyses
scilicet et Abraham in sinistrali facie et Ysaac et Jacob in dextrali,
singuli singulos rotulos proprie prophetie manibus tenentes. In
superiori vero ordine, .xii. apostoli sedent per circuitum. In prima
facie in antea scilicet beatus Jacobus residet in medio, manu sinistra
librum tenens et dextera benedictionem innuens. Ad cujus dexteram est alius apostolus et ad levam alter in ordine proprio. Similiter ad dexteram cimborii tres alii habentur apostoli et ad levam
ejus tres, et retro eodem modo tres. In coopertura vero desuper
quattuor angeli sedent, quasi altare custodientes. Sed in quattuor cornibus ejusdem cimborii, incipiente coopertura, iiii[or]
evangeliste propriis similitudinibus scul-||-puntur. Deintus vero est

a. Angnus *C.*

Et en bas cette autre inscription :

Roi était alors Alfonse [1], duc, son gendre Raymond, évêque, le susdit Diego, quand cette œuvre fut achevée.

14. *Le ciborium de l'autel de l'apôtre.*

Le ciborium [2] qui recouvre cet autel vénérable est admirablement décoré à l'intérieur et à l'extérieur de peintures, de dessins et d'ornements variés [3]. De plan carré, il repose sur quatre colonnes et ses proportions en hauteur et en largeur sont harmonieuses.

A l'intérieur, au premier registre, des figures de femmes au nombre de huit, représentent les vertus particulièrement célébrées par saint Paul ; dans chaque angle, il y en a deux. Au-dessus de leurs têtes, des anges se tiennent debout, soutenant de leurs mains levées le trône qui se trouve en haut du ciborium ; au milieu de ce trône se trouve l'Agneau de Dieu tenant la croix avec son pied. Il y a autant d'anges que de vertus.

A l'extérieur, au premier registre [4], quatre anges annoncent au son de la trompette la résurrection au jour du jugement ; il y en a deux sur la face antérieure et deux derrière sur l'autre face. Au même niveau [5], se trouvent quatre prophètes : Moïse et Abraham sur la face gauche et Isaac et Jacob sur la droite ; ils ont chacun à la main un phylactère où sont écrites leurs prophéties particulières.

Au registre supérieur, les douze apôtres sont assis tout autour du ciborium : sur la face antérieure, la première, le bienheureux Jacques est au milieu, tenant de sa main gauche un livre et de sa droite donnant sa bénédiction ; à sa droite est un autre apôtre et à gauche un second, sur le même rang. De même, sur la face droite du baldaquin, il y a trois autres apôtres et à gauche trois autres et par derrière, de la même manière, encore trois. Au-dessus sur le toit même du dais, quatre anges sont assis

---

1. Alfonse VII le Batailleur (Alphonse Ier d'Aragon).
2. Nous avons rencontré plus haut le mot *ciborius* dans un sens différent ; ici *cimborius* est employé dans l'acception que l'on donne habituellement au mot *ciborium,* dais ou baldaquin.
3. Voir l'essai de restitution dans López-Ferreiro, t. III, 236.
4. Ils étaient sans doute dans les écoinçons.
5. Également aussi dans les écoinçons.

depictus, deforis autem scultus et depictus cimborius. In cacumine vero ejus deforis est quedam summitas erecta, tripliciter
arcuata, in qua Trinitas deica est insculpta : in primo arcu qui
respicit ad occidentem, persona Patris est erecta, et in secundo
qui respicit inter meridiem et orientem est persona Filii, et in
tercio arcu qui respicit ad septentrionem est persona Spiritus
Sancti. Item vero super hanc sum-‖-mitatem est pomus argen-
teus lucifluus super quem crux ponitur preciosa.

Fol. 21
(CLXXIII).

[15]. *De tribus lampadibus.*

¶ Ante beati Jacobi altare, tres magne lampades argentee ad
Xpisti et apostoli decus suspenduntur. Illa vero que in medio earum
est valde ingens habetur et in effigie magni mortarioli mirabiliter
operatur, septem in se receptacula continens, in figura septem pre-
miorum Spiritus Sancti, in quibus septem luminaria ponuntur ;
que scilicet receptacula minime recipiunt nisi oleum balsami,
aut mirti, aut balani, aut olive ; majus vero receptaculum est,
in medio aliorum. Et in uno quoque receptaculo ex his que in
circuitu ejus sunt, due apostolorum immagines forinsecus sculpuntur. Anima Adefonsi, regis Aragonensis, qui eam ut fertur
Sancto Jacobo dedit, requiescat in pace sempiterna. ‖

[16]. *De dignitate ecclesie S. Jacobi et canonicorum ejus* ᵃ.

FITA 59.

¶ Ad altare beati Jacobi, nullus missam solet celebrare ᵇ, nisi sit

a. *Ce paragraphe figure en entier dans R.*
b. missam cantat *R.*

----

1. C'est-à-dire avec leurs attributs symboliques.
2. D'après l'*Historia Compostelana*, p. 52, le ciborium (appelé *cibolium*)
était en or et en argent ; ces peintures seraient donc des émaux.

comme s'ils gardaient l'autel ; en outre aux quatre angles du ciborium, à la base du toit, les quatre évangélistes sont sculptés avec leurs traits distinctifs [1].

L'intérieur est peint tandis que l'extérieur est décoré à la fois de sculptures et de peintures [2] ; au sommet, à l'extérieur, se dresse un petit monument à triple arcature sur lequel la Trinité divine est sculptée ; sous le premier arc [3], qui est tourné vers l'occident, est la personne du Père ; sous le second, vers le midi et l'orient, est la personne du Fils, et sous le troisième arc tourné vers le nord est la personne du Saint-Esprit. En outre, tout au sommet, est une boule d'argent resplendissante sur laquelle se dresse une croix précieuse.

15. *Les trois lampes.*

Devant l'autel de Saint-Jacques, trois grandes lampes d'argent sont suspendues en l'honneur du Christ et de l'apôtre. Celle du milieu est très grande et ressemble à un grand mortier admirablement travaillé ; elle comporte sept alvéoles, où sept lampes sont posées, pour figurer les sept dons du Saint-Esprit ; on n'y met que de l'huile de baume ou de myrte ou de benjoin [4] ou d'olive. L'alvéole du milieu est plus grand que les autres ; sur chacun de ceux qui sont autour, deux figures d'apôtres sont sculptées au dehors.

Que l'âme du roi Alfonse d'Aragon [5] qui, dit-on, les a données à Saint-Jacques, repose en paix éternellement.

16. *De la dignité de l'église Saint-Jacques.* *et de ses chanoines.*

A l'autel de saint Jacques, nul ne célèbre la messe, s'il n'est évêque, archevêque, pape ou « cardinal » [6] de cette église. En effet, il y a d'ordi-

---

3. C'est-à-dire comme dans une niche.

4. BONNAULT D'HOUËT, n. 1, p. 210, traduit *balanus* par *ben* et explique qu'il s'agit d'une huile tirée de la noix de Ben qui pousse en Arabie ; mais l'huile de Ben est, dit-on, inodore, tandis que [*balanus*] *oleum habet grati odoris.* Cf. FORCELLINI, s. v.

5. Il s'agit toujours du même Alfonse VII le Batailleur (Ier d'Aragon), † en 1134.

6. Ce titre de cardinal était purement honorifique et ne conférait aucune

episcopus aut archiepiscopus, aut papa, aut cardinalis ejusdem
ecclesie. Solent [a] etenim in eadem basilica septem cardinales
ex more, qui officium divinum celebrant super altare ; constituti
atque concessi a multis apostolicis, insuper et confirmati a domino
papa Calixto. Hanc vero dignitatem quam beati Jacobi basilica
ex more bono habet, amore apostoli nullus ab ea auferre debet.

[17]. *De lapicidibus ecclesie et de primordio*
et fine operis ejus [b].

¶ Didascali lapicide qui prius beati Jacobi basilicam edificaverunt, nominabantur domnus Bernardus senex, mirabilis magister,
et Robertus, cum ceteris lapicidibus, circiter .L. qui ibi sedule opera-
bantur, ministrantibus fidelissimis domnis Wicarto [c] et domno
canonice Segeredo, et abbate domno Gundesindo, regnante Adefonso rege Yspaniarum, sub episcopo domno Didaco primo et
strenuissimo milite et generoso viro. Ecclesia autem fuit incepta
in era .I.C.XVI. Ab anno vero quo incepta fuit, usque ad letum
Adefonsi fortissimi et famosi regis Aragonensis, habentur anni

a. sunt etenim in eadem R.
b. *Ce paragraphe manque dans R.*
c. *On peut lire* wicario *ou* wicarto, *la lettre qui précède* o *est différente des
autres* t *du texte, la barre du haut très réduite la rapproche de* l'i ; Wicarto
Fita. Wicarto (Vicario ?) *López-Ferreiro.*

des prérogatives des cardinaux de l'Église romaine. C'est Pascal II qui en,
1104, avait accordé le *pallium* aux desservants de la cathédrale ; il avait
créé dans le chapitre sept sièges de cardinaux-prêtres dont un des privilèges était de pouvoir célébrer la messe sur le tombeau et l'autel de l'apôtre,
privilège réservé aux seuls évêques, archevêques ou au pape. Ce privilège
fut étendu par Pie IX à tous les dignitaires et chanoines du chapitre (rescrit
du 4 février 1855) ; il n'y a plus de « cardinaux » à Saint-Jacques. Cf. PARDIAC,
op. cit., p. 132. On trouvera des détails sur le personnel du chapitre de Saint-
Jacques dans LÓPEZ-FERREIRO, t. V, p. 155-176.

naire dans cette basilique sept « cardinaux » qui célèbrent l'office divin sur cet autel. Leurs constitutions et leurs privilèges reconnus par de nombreux pontifes ont été en particulier confirmés par le pape Calixte. Cette dignité que la basilique de Saint-Jacques possède par un heureux privilège, nul ne doit, par égard pour l'apôtre, la lui enlever.

17. Les lapicides de l'église.
Commencement et achèvement de l'œuvre.

Les maîtres lapicides qui entreprirent la construction de la basilique du bienheureux Jacques s'appelaient maître Bernard [1] le vieux — c'était un maître génial — et Robert [2], avec l'aide d'autres lapicides au nombre de cinquante environ qui travaillaient activement sous la direction de don Wicart [3], du maître du chapitre Segeredo et de l'abbé don Gundesindo [4] sous le règne d'Alfonse [5], roi d'Espagne, et de Diego I [6], vaillant chevalier et homme généreux.

L'église fut commencée en l'an 1116 [7] de l'ère d'Espagne (1078 de l'ère chrétienne) ; depuis l'année où furent entrepris les travaux jusqu'à la mort d'Alfonse, vaillant et illustre roi d'Aragon, on compte 59 années et jusqu'au meurtre d'Henri, roi d'Angleterre, 62 ans, et jusqu'au trépas de

1. LÓPEZ-FERREIRO, t. III, p. 37, et suiv., se demande s'il ne faudrait pas identifier ce Bernard au trésorier Bernard qui éleva la fontaine (v. plus haut, p. 95) et devint chancelier d'Alfonse VII ; voir *ibid.*, la discussion, et au t. IV, p. 172, d'autres détails sur cet actif trésorier Bernard.

2. Ce nom de Robert, comme celui de Bernard, donnerait à croire que ces maîtres d'œuvres étaient d'origine française.

3. Si l'on adopte la lecture *Wicario*, il faut traduire : don Segeredo, vicaire et maître du chapitre.

4. D'après LÓPEZ-FERREIRO, t. III, p. 37, n. 2, Gundesindo était mort en 1111, ou avant, car en mai 1112, le prieur du chapitre était Pierre, neveu de Gelmirez. Segeredo était mort auparavant.

5. Alfonse VI († 1108).

6. Diego I est Diego Pelaez, évêque de Santiago de 1070 à 1088.

7. Cette date se retrouve dans un autre document du XIIᵉ s., l'*Historia Compostelana* (*España sagrada*, XX), p. 137, où l'on précise V. idus julii ; et sur le jambage gauche de la porte de droite du portail des Orfèvres avec la même indication de jour.

LIX [a] et ad necem Henrici regis Anglorum LXII [a] et ad mortem

FITA 60.   Ludovici pin-‖-guissimi, regis Francorum LXIII [a] et ab anno
quo primus lapis in fundamento ejus ponitur, usque ad illum

Fol. 21 *v*°. quo ultimus mittitur XLIIII [a] anni habentur. ‖ Que etiam ecclesia
a tempore quo fuit incepta usque in hodiernum diem, fulgore
miraculorum beati Jacobi vernatur, egris enim in ea salus prestatur, cecis visus refunditur, mutorum lingua solvitur, surdis audi-
tus panditur, claudis sana ambulacio datur, demoniacis liberacio
conceditur, et quod majus est populorum fidelium preces exau-
diuntur, vota suscipiuntur, delictorum vincula resolvuntur, pul-
santibus celum aperitur [b], mestis consolacio datur, omnesque
barbare gentes omnium mundi climatum catervatim ibi occurrunt,
munera laudis Domino deferentes.

[18]. *De dignitate ecclesie S. Jacobi* [c].

❡ Nec est oblivioni tradendum, quod dignitatem archiepiscopatus
Emerite [d] urbis que metropolis esse solet in terra Sarracenorum,
beatus papa Calixtus bone memorie dignus, basilice Sancti Jacobi
et urbi ejusdem translatavit et dedit amore et honore apostoli,
ac per hoc Didacum nobilissimum virum, primitus archiepisco-
pum in apostolica sede Compostellana ordinavit et corroboravit.
Erat enim ipse Didacus antea Sancti Jacobi episcopus.

a. *Récrit sur un grattage.*
b. operitur *Fita.*
c. *Ce paragraphe figure dans R.*
d. Emeritre *R.*

Louis le Gros, roi de France, 63 [1] et depuis l'année où la première pierre de ses fondations fut posée jusqu'à celle où la dernière fut mise, il y a 44 années. Depuis le moment où elle fut commencée jusqu'à aujourd'hui, cette église brille par l'éclat des miracles de saint Jacques ; là, en effet, la santé est donnée aux malades, la vue est rendue aux aveugles, la langue des muets se délie, l'ouïe est accordée aux sourds, une démarche normale est donnée aux boiteux, les possédés sont délivrés et qui plus est, les prières des fidèles sont exaucées, leurs vœux s'accomplissent, les chaînes du péché tombent, le ciel s'ouvre à ceux qui frappent, la consolation est donnée aux affligés et tous les peuples étrangers, venus de toutes les parties du monde, accourent ici en foule apportant au Seigneur leurs présents et leurs louanges.

18. *Dignité de l'église de Saint-Jacques.*

On ne doit pas oublier que le bienheureux pape Calixte, de digne et sainte mémoire, transféra à la basilique de Saint-Jacques et à sa ville la dignité archiépiscopale [2] attachée auparavant au siège de Mérida, métropole au pays des Sarrasins ; il la lui donna par amour de l'apôtre et en son honneur et pour cela, sacra et confirma Diego [3], homme de haute naissance, premier archevêque, sur le siège apostolique de Compostelle. En effet, ce même Diego était auparavant évêque de Saint-Jacques.

1. Alfonse VII étant mort en 1134, Henri Ier d'Angleterre en 1135 et Louis VI le Gros, en 1137, ces concordances sont fausses ; certains critiques se sont livrés à des prodiges d'ingéniosité pour donner une explication (voir à ce sujet les articles cités de P. DESCHAMPS et G. GAILLARD), mais WHITEHILL a prouvé dans l'article cité de l'*Antiquaries Journal* que ces chiffres furent surchargés par quelque scribe pédant et ignare ; il faut donc s'en tenir à la date de l'ère (1116) (= 1078) qui, elle, n'a pas été corrigée et négliger les concordances.

2. L'acte par lequel Calixte II a conféré cette dignité au siège de Saint-Jacques de Compostelle en 1120 est reproduit par LÓPEZ-FERREIRO, t. IV, appendice 3-5, d'après un cartulaire conservé au chapitre et dans le *Bullaire de Calixte II*, éd. U. ROBERT, Paris, 1891, t. I, p. 216.

3. Diego [II] Gelmirez.

CAPITULUM X [a]. — DE NUMERO CANONICORUM S. JACOBI.

¶ Huic insuper ecclesie, ut fertur, pretitulati sunt juxta nume-
rum septuaginta [b] duorum discipulorum Xpisti, ca-‖-nonici septuaginta duo, beati Ysidori Yspaniensis [c] doctoris regulam tenentes.
His autem dividuntur altaris sancti Jacobi oblaciones, per singulas
ebdomadas. Primo dantur oblaciones in prima ebdomada, secundo
in secunda, tercio in tercia, deinde aliis usque ad ultimum largiuntur. In dominica quaque die, ut fertur, fiunt tres partes oblacionum, quarum primam [d] accipit ebdomadarius cui evenit ; ex aliis
vero duabus partibus iterum insimul commixtis fiunt tres partes,
quarum una communiter datur canonicis ad prandium, alia operi
basilice, alia archiepiscopo ecclesie. Sed ebdomada que est inter
Palmos et Pascham [e] debet dari [f] rite pauperibus peregrinis Sancti
Jacobi, in hospitali [g]. Ymmo si justicia Dei teneatur, decima pars
oblacionum altaris sancti Jacobi, omni tempore pauperibus in
hospitali supervenientibus dari debetur. Omnes enim peregrini
pauperes, prima nocte post diem qua beati Jacobi ‖ altare adveniunt, in hospitali plenarium hospicium, amore Dei et apostoli
suscipere debent. Egri vero usque ad mortem vel ad integram sani-
tatem, ibi karitative sunt procurandi. Sic enim apud Sanctum
Leonardum agitur. Quot pauperes peregrinantes ibi adveniunt,
tot refectionem accipiunt. Debent etiam dari ex more oblaciones
que veniunt ad altare, a mane summo usque ad terciam, per unum-

FITA 61.

Fol. 22.
(CLXXIV).

a. *Ce chapitre figure dans R en partie*.
b. **LXX** *R*.
c. *Yspalensis R.*
d. prima *R* et *Fita*.
e. inter Palmas et Pascha *R*.
f. *R ajoute* et modo accipit.

CHAPITRE X

Nombre des chanoines de Saint-Jacques.

Selon la tradition, soixante-douze chanoines [1] sont attachés à cette église, le nombre même des soixante-douze disciples du Christ ; ils suivent la règle du bienheureux Isidore d'Espagne, docteur [2]. Chaque semaine, ils se partagent les offrandes faites à l'autel de Saint-Jacques ; au premier chanoine, les oblations sont données la première semaine ; au second, la seconde ; au troisième, la troisième et ainsi de suite jusqu'au dernier.

Chaque dimanche, la tradition veut qu'on fasse trois parts des offrandes : la première est reçue par l'hebdomadier à qui elle revient ; les deux autres parts réunies sont à leur tour partagées en trois : une partie est généralement donnée aux chanoines pour leur repas ; une autre, à l'œuvre de la basilique ; la troisième, à l'archevêque du lieu. Mais le produit de la semaine qui va des Rameaux à Pâques échoit en droit aux pauvres pèlerins de Saint-Jacques hébergés à l'hospice. Bien plus, si l'on observait la juste loi divine, on devrait en tout temps donner la dixième partie des offrandes faites à l'autel de Saint-Jacques, aux pauvres qui arrivent à l'hospice. En effet, tous les pèlerins pauvres doivent, la nuit, qui suit le jour de leur arrivée auprès de l'autel de Saint-Jacques, recevoir à l'hospice, pour l'amour de Dieu et de l'apôtre, l'hospitalité complète. Les malades doivent être là charitablement soignés jusqu'à leur mort ou jusqu'à leur complet rétablissement, ainsi qu'il est fait à Saint-Léonard. Tous les pauvres qui arrivent là, reçoivent tous leur pitance. En outre, la coutume veut que les offrandes qui viennent à l'autel depuis le début de la

1. Au début du XVIIe siècle, le paysan picard écrit : « il y a dans cette église environ quarante ou cinquante chanoines avec de bonnes prébendes. » Bonnault d'Houët, p. 77.

2. Cf. López-Ferreiro, t. II, p. 45 ; saint Isidore, auteur d'une règle monastique, n'a pas, que l'on sache, laissé de règles pour les chanoines.

g. *Ici s'arrête le texte de R ; il n'y a pas d'explicit et, après un grand blanc on trouve la lettre d'Arnauld du Mont que nous publions en appendice.*

quemque dominicum diem, leprosis ejusdem urbis. Quod si aliquis prelatus ejusdem basilice ex hoc fraudem fecerit, vel in alio modo oblaciones dandas ut prefati sumus converterit, inter Deum et illum peccatum illius sit. ‖

FITA 62.   CAPITULUM XI [a]. — QUOD [b] PEREGRINI S. JACOBI SINT [c] RECIPIENDI.

¶ Peregrini sive pauperes sive divites a liminibus Sancti Jacobi redientes [d], vel advenientes, omnibus gentibus karitative sunt recipiendi et venerandi. Nam quicumque illos receperit et diligenter hospicio procuraverit, non solum beatum Jacobum, verum etiam ipsum Dominum hospitem habebit. Ipso Domino in evangelio dicente : *Qui vos recipit me recipit.* Fuere olim multi qui iram Dei incurrerunt, idcirco quia Sancti Jacobi peregrinos et egenos recipere noluerunt ; apud Nantuaium que est villa inter Gebennam et Lugdunum, cujusdam texentis panem peregrino Sancti Jacobi sibi petenti negantis, tela per medium rupta solo subito cecidit. Apud Villamnovam, quidam Sancti Jacobi peregrinus egenus cuidam mulieri panem sub cineres calidos habenti, helemosinam amore Dei et beati Jacobi petivit ; que respondit se panem non habere, cui peregrinus ait : *Utinam panis quem habes, lapis esset* ; Cumque peregrinus ille recedens a domo illa, longe distaret, accessit mulier illa nequam ad cineres, putans panem suum capere, lapidem rotundum in loco panis repperit. Que corde penitens ilico insecuta peregrinum non invenit. Apud urbem Pictavorum duo heroes Galli, sine proprio a Sancto Jacobo olim redientes,

a. *Ce chapitre se trouve dans R au milieu du Livre II* (*Livre des miracles,* f⁰ 49 v⁰ *entre le récit de deux miracles.*
b. qualiter *R.*
c. sunt *R.*
d. redeuntes *Fita.*

matinée jusqu'à tierce, chaque dimanche, soient données aux lépreux de la ville. Et si quelque prélat de cette basilique commettait quelque fraude à ce sujet ou changeait les destinations des offrandes, telles que nous les avons indiquées, il aurait à répondre de ce péché devant Dieu.

CHAPITRE XI

De l'accueil à faire aux pèlerins de Saint-Jacques.

Les pèlerins, pauvres ou riches qui reviennent de Saint-Jacques ou qui y vont, doivent être reçus avec charité et égards par tous ; car quiconque les aura reçus et hébergés avec empressement, aura pour hôte non seulement saint Jacques, mais Notre-Seigneur lui-même ainsi qu'il l'a dit dans son évangile : « Qui vous reçoit me reçoit [1] ». Nombreux sont ceux qui jadis encoururent la colère de Dieu, parce qu'ils n'avaient pas voulu recevoir les pèlerins de Saint-Jacques et les indigents.

A Nantua, qui est une ville située entre Genève et Lyon, un tisserand avait refusé du pain à un pèlerin de Saint-Jacques qui lui en demandait ; il vit tout à coup sa toile tomber par terre, déchirée par le milieu. A Villeneuve, un pauvre pèlerin de Saint-Jacques s'adresse à une femme qui gardait du pain sous des cendres chaudes, lui demandant l'aumône pour l'amour de Dieu et du bienheureux Jacques ; elle lui répond qu'elle n'a pas de pain, à quoi le pèlerin répartit : « Plût au ciel que ton pain se change en pierre ! » Et le pèlerin s'étant éloigné de cette maison se trouvait déjà à une grande distance, quand cette méchante femme s'approchant des cendres pour y prendre son pain, ne trouve à la place qu'une pierre ronde. Le cœur contrit, elle se met aussitôt à la recherche du pèlerin, mais ne peut le trouver.

A Poitiers deux vaillants pèlerins français, revenant jadis de Saint-Jacques dénués de tout, s'en vinrent depuis la maison de Jean Gautier jusqu'à Saint-Porchaire [2], demandant un gîte pour l'amour de Dieu et de

---

1. Matth., X, 40.
2. L'actuelle église Saint-Porchaire est une reconstruction du xvie siècle, mais le clocher du xie siècle subsiste ainsi qu'un portail.

a domo Johannis Gauterii usque ad Sanctum Porcarium, hospicium amore Dei et sancti Jacobi pecierunt, nec invenerunt.
Cumque in ede novissima illius vici, scilicet juxta Beati Porcarii
basilicam, apud ‖ quendam pauperem hospitati ‖ essent, ecce
enim [a] divina operante ulcione, totum vicum velocissimus rogus,
incipiens ab ede qua prius hospicium pecierant, usque ad illam
qua hospitati erant, nocte illa combussit. Et erant edes circiter
mille. Illa vero domus qua servi Dei hospitati erant, Dei gracia
illesa remansit. Quapropter sciendum quod sancti Jacobi peregrini
sive pauperes sive divites, jure sunt recipiendi et diligenter procurandi.

Fol. 22 v⁰.
Fita 63.

Explicit codex quartus sancti Jacobi Apostoli
Ipsum scribenti sit gloria sitque legenti.

Hunc codicem prius Ecclesia romana diligenter suscepit ; scribitur enim in compluribus locis, in Roma silicet, in hierosolimitanis horis, in Gallia, in Ytalia, in Theutonica et in Frisia et
precipue apud Cluniacum.

a. *Om. R.*

Pl. VI.

Femme en prière dans la Cathédrale de Saint-Jacques de Compostelle.

saint Jacques, mais ils n'en trouvèrent pas. Enfin, dans la dernière maison de cette rue [1], auprès de la basilique Saint-Porchaire, ils furent hébergés par un pauvre et voici que, par un effet de la vengeance divine, un violent incendie éclate et détruit rapidement, cette nuit-là, toute la rue en commençant par la maison où ils avaient demandé tout d'abord l'hospitalité jusqu'à celle qui les avait accueillis. Ces maisons étaient au nombre d'un millier environ, mais celle où les serviteurs de Dieu avaient été reçus demeura, par sa grâce, indemne.

C'est pourquoi chacun doit savoir que, riches ou pauvres, les pèlerins de Saint-Jacques ont droit à l'hospitalité et à un accueil plein d'égards.

Ici se termine le quatrième livre de
l'apôtre saint Jacques.
Gloire à celui qui l'a écrit, gloire aussi à qui le lit.

C'est l'Église de Rome qui, la première, accueillit avec empressement ce livre ; on le trouve écrit en effet dans bien des endroits : à savoir à Rome, dans les parages de Jérusalem, en France, en Italie, en Allemagne, en Frise et principalement à Cluny.

1. Cette rue est encore aujourd'hui une des plus animées de Poitiers.

APPENDICES

I

EPISTOLA ARNALDI DE MONTE [a]

Reverendis patribus et dominis suis R⁰, Dei gracia Rivipellensi electo et B. Maximo [b], priori, et universo ejusdem ecclesie venerando conventui, frater A.ʹ de Monte, humilis filius atque Vestre Sanctitatis [c] devotissimus servus, salutem et plenitudinem debiti famulatus. Consistens in ecclesia Beati Jacobi apud Compostellam quem *Fol. 85 v⁰.* propter indulgentiam || peccatorum meorum visitare studueram et nichilominus ob desiderium visendi loci cunctis gentibus venerandi, Vestre Beatitudinis non minus [d] licentia fultus, reperi volumen ibidem. V. libros continens de miraculis apostoli prelibati quibus in diversis mundi partibus tanquam micantibus [e] stellis [f] divinitus splendescit [g] et de scriptis sanctorum patrum, Augustini videlicet, Ambrosii, Yeronimi, Gregorii, Leonis, Maximi et Bede. Contineban-

---

a. *Cette lettre suit, dans le manuscrit du fonds Ripoll 99 des Archives de la Couronne d'Aragon, la transcription du* Codex Calixtinus ; *c'est par elle que s'achève le manuscrit* f⁰ 85-86.

b. majori *B et Hämel.*

c. societatis *B et Hämel.*

d. mirum *B et Hämel.*

e. mercatoribus *B et Hämel.*

f. stella *B et Hämel.*

g. splendesc. *R* ; splendescente *B* ; *Delisle corr. en* splendescit.

APPENDICES

I

Lettre d'Arnauld du Mont [1]

A ses révérends pères et maîtres R. par la grâce de Dieu [abbé] élu de Ripoll [2] et B. Maxime, prieur et à toute la vénérable communauté de cette église, frère A. du Mont, humble fils et très dévoué serviteur de Votre Sainteté, adresse son salut avec toute la déférence qu'il leur doit.

Me trouvant dans l'église de Saint-Jacques à Compostelle, que j'avais voulu visiter pour le pardon de mes péchés et aussi par désir de voir un lieu vénéré par tous les peuples, non sans être soutenu par l'autorisation de Votre Béatitude, je découvris là-bas un volume contenant les cinq livres des miracles de cet apôtre, qui le font resplendir divinement, comme de brillantes étoiles [3], dans les différentes parties du monde. [Il s'y trouve aussi] des écrits des saints pères Augustin, Ambroise, Jérôme, Grégoire,

---

1. Cette lettre fut publiée pour la première fois par Léopold Delisle, *art. cité*, p. 2-4, d'après deux copies du xviie siècle (Bibl. nationale de Paris, Coll. Baluze, n° 372, f° 6 et 38). Elle a été éditée à nouveau par A. Hämel, dans les *Estudis Universitaris Catalans*, t. XXI, 1936 (*Homenatge a Antoni Rubió i Lluch*, vol. I), *Arnaldus de Monte und der* Liber S. Jacobi, p. 147-148, d'après le manuscrit de Barcelone, prétend-il, mais il reproduit à peu près toutes les fautes du copiste du xviie siècle. Nous ne prenons pas la peine de relever toutes les erreurs de lecture et inexactitudes dont son édition fourmille. Nous indiquons par *B* les variantes du ms. du fonds Baluze, à l'exception des variantes orthographiques (*Hyspania*, pour *Yspania*, *Rivipullensi* pour *Rivipellensi*, etc.).

2. Le monastère Notre-Dame de Ripoll se trouve en Catalogne, province de Gérone.

3. La lecture *mercatoribus stella* n'aurait aucun sens.

tur in eodem volumine scripta aliorum quorumdam sanctorum
in festivitatibus predicti apostoli et ad laudem illius per totum
annum legenda cum responsoriis, antiphonis, prefacionibus et ora-
tionibus ad idem pertinentibus quamplurimis. Considerans igitur
Paternitatem Vestram circa beatum apostolum devotissimam
memoriterque retinens quod secundum consimilis a devocionis formam, felicis memorie predecessores vestri, divini amoris intuitu
simulque apostolice venerationis speculacione, sub sepe nominandi
apostoli titulo, infra basilicam Rivipellensem altare sacrosanctum
erexerant, proposui volumen predictum transcribere, desiderans
ampliori miraculorum beati Yacobi quibus tamdiu caruerat uber-
tate eclesiam nostram ditari.

. Verum tamen cum copiam sola voluntas ministraret, sumptuum
vero penuria et temporis me coartaret angustia, de .V. libris, .III.
transcriptos atuli, secundum scilicet et tercium et IIII^um in quibus
integre miracula continentur atque translacio apostoli ab Jhero-
soliminis ad Yspanias et qualiter Karolus magnus domuerit et sub-
jugaverit jugo Xpisti Yspanias. De primo quidem aliqua licet
pauca b de dictis Calixti secundi collegi, in presenti volumine conscripta. Quintus liber supradicti voluminis scribitur de diversis
ritibus et varia consuetudine gentium ; de itineribus quibus ad
sanctum Yacobum venitur et qualiter omnia fere ad Pontem Regine
terminantur ; de civitatibus, castellis, burgis, montibus et de pra-
vitate simul et bonitate aquarum, piscium, terrarum, hominum
et ciborum ; et de sanctis qui sub precipua veneracione coluntur
per viam Jacobitanam, scilicet de sancto Egidio, sancto Martino
et ceteris. Continentur eciam in eodem libro .V°. situs civitatis
Compostellane et nomina circumfluencium aquarum et numerus ;
neque preterit fontem qui dicitur de Paradiso. Comprehendit eciam
Fol. 86 sufficienter c formam ecclesie Sancti Jacobi ‖ et institucione[m]
canonicorum quantum spectat ad distributionem oblacionum, cum

Léon, Maxime et Bède. Dans ce même volume étaient contenues des
œuvres de certains autres saints à lire aux fêtes dudit apôtre et pour
sa louange pendant toute l'année, avec beaucoup de répons, d'antiennes,
de préfaces et d'oraisons qui s'y rapportent.

Ayant donc égard à la très grande dévotion que Votre Paternité pro-
fesse envers le bienheureux apôtre et me souvenant que, suivant une
forme de piété analogue[a], vos prédécesseurs d'heureuse mémoire, poussés
par l'amour divin et par la vénération envers l'apôtre, avaient élevé
un saint autel sous le vocable de cet apôtre, dans la basilique de Ripoll,
j'ai résolu de transcrire ce volume avec le désir de doter notre église d'un
grand recueil de miracles de saint Jacques qui lui manquait depuis longtemps.

Mais comme ma seule bonne volonté exécutait cette copie et que
j'étais gêné par le manque de ressources et pressé par le temps, sur cinq
livres je rapporte seulement la transcription de trois, à savoir le second,
le troisième et le quatrième dans lesquels sont contenus en entier les
miracles, la translation de l'apôtre de Jérusalem en Espagne et comment
Charlemagne a dompté l'Espagne et l'a soumise au joug du Christ. Du premier livre j'ai recueilli quelques-uns des sermons, mais peu[b], de Calixte II,
qui sont réunis dans ce volume. Le cinquième livre du susdit volume
traite de divers usages et mœurs des gens, des routes par lesquelles on
vient à Saint-Jacques, et montre comment presque toutes aboutissent
à Puente la Reina ; il parle des villes, châteaux, bourgs, monts, des quali-
tés bonnes et mauvaises des eaux, des poissons, des terres, des hommes et
des aliments ainsi que des saints qui sont particulièrement vénérés sur la
route de Saint-Jacques, c'est-à-dire saint Gilles, saint Martin et d'autres.
Dans ce cinquième livre, il est question aussi de la situation de la ville de
Compostelle, des noms des fleuves et de leur nombre et l'on n'oublie
pas la fontaine dite du Paradis. Il décrit aussi suffisamment[c] l'aspect de
l'église de Saint-Jacques, parle de l'institution des chanoines et de ce
qui leur revient dans la distribution des offrandes, ainsi que de leur

---

a. consimilem *B*.
b. de primo quolibet pauca *B*.
c. sufficientem *B*.

numero eorumdem, qualiter sedis metropolitane dignitas aucto-
ritate romanorum pontificum ab Emerita sit translata ad Com-
postellam, propter predicti apostoli favorem.

Ex his omnibus excerpsi que in [a] presenti volumine fidelibus
occulis Beatitudo Vestra contueri potest, si dignatur presentius [b].
Quid autem legendum sit in ecclesia sive in refectorio, de supra-
scriptis omnibus, ex epistola domini Calixti dive memorie romani
pontificis nulli fidelium contempnenda prebetur auctoritas, qui
etiam predictum volumen inter autenticos codices in ecclesia
legendum apostolici culminis sententia sanccire curavit [c], vene-
rando Innocentio ecclesie romane summo pontifice sepedictam [d]
scripturam postea roborante.

Ceterum quando presentis voluminis transcripcio facta fuit,
M[us] C[us] LXXX[us] III[us] ab Incarnatione Domini numerabatur annus.

a. in in *R*.
b. presentibus *B*.
c. curaū *R* ; curaui *B*, *corr. en* curavit *par Delisle*.
d. supradictam *B*.

nombre, raconte comment la dignité de métropole fut, par l'autorité des pontifes romains, transférée de Mérida à Compostelle, par égard pour ledit apôtre.

De tout cela, j'ai recueilli ce que Votre Béatitude peut, dans le présent volume, voir de ses yeux fidèles, si elle daigne le faire présentement. Quant à ce qui, de tout cela, doit être lu, soit à l'église, soit au réfectoire, il faut se reporter à la lettre de Calixte [1], pontife romain de sainte mémoire et s'en remettre à son autorité qu'aucun fidèle ne doit mépriser, car il a pris soin de recommander ce volume en le mettant au nombre des livres authentiques à lire à l'église ; le vénérable Innocent [2], souverain pontife de l'Église romaine, a ratifié cet écrit par la suite.

Par ailleurs, quand la transcription du présent volume fut faite, c'était en l'an 1173 de l'Incarnation de Notre-Seigneur.

---

1. Au sujet de la prétendue lettre de Calixte II, voir plus haut, p. vi.

2. Cette lettre apocryphe d'Innocent II [pape † 1143], publiée par LE CLERC, L. DELISLE, op. cit., et d'autres auteurs, se trouve dans le ms. de Saint-Jacques de Compostelle au f° 191, c'est-à-dire presqu'à la fin du volume (elle n'est suivie que par deux miracles de 1139 et de 1164 ajoutés postérieurement) ; dans le ms. de Ripoll, elle est au f° 50 v°, à la fin du Livre des miracles.

II

Pèlerinage du seigneur de Caumont
à Saint-Jacques de Compostelle.

Le récit de pèlerinage que nous publions ici a déjà été édité par le marquis de LA GRANGE à la suite du *Voyage d'Oultremont en Jherusalem par le seigneur de Caumont l'an* MCCCCXVIII. Paris, 1882. Cet ouvrage étant devenu très rare, nous avons jugé bon de publier à nouveau, d'après le manuscrit du British Museum, ce court récit où les étapes du chemin de Saint-Jacques sont indiquées avec beaucoup de précision, ce qui permet des comparaisons intéressantes avec l'itinéraire du *Guide*.

L'auteur, Nompar II, seigneur de Caumont, de Castelnau, de Castelculier et de Berbiguières, était fils de Guillaume-Raymond II, seigneur de Caumont et de Jeanne de Cardaillac et petit-fils de Nompar Ier ; né en 1391, il mourra en Angleterre en 1446.

Après avoir fait en 1417 le pèlerinage de Saint-Jacques de Compostelle, il partira le 27 février 1419 pour la Terre Sainte, d'où il reviendra le 14 avril 1420 ; ayant pris le parti des Anglais contre le roi de France, il fut dépouillé de ses biens au profit de son frère Brandelis par Charles VII et dut passer en Angleterre où il mourut.

On connaît de lui, outre le récit du voyage à Jérusalem qui n'est pas, comme celui du pèlerinage de Saint-Jacques, une simple nomenclature de noms, mais une narration plus vivante et pittoresque, un ouvrage didactique, *les Dits et enseignements* [1] qu'il rédigea en 1416 pour ses enfants.

Le *voiatge a saint Jaques en compostelle* occupe dans le manuscrit du British Museum, fonds Egerton n° 890, les folios 104v° à 112v° ; il est précédé du *Voyaige d'oultremer en Jherusalem* et suivi des *Dits et enseignements*.

---

1. Ils furent publiés par GALY, *Le Livre Caumont*, Paris, 1845.

VOIATGE DE NOPAR SEIGNEUR DE CAUMONT A SAINT JAQUES EN COMPOSTELLE ET A NOTRE DAME DE FINIBUS TERRE

Ensuite se ung autre voiatge que je, Nopar, seigneur de Caumont, de Chasteau neuf, de Chasteau Cullier et de Berbeguieres, ay fait pour aler a Monseigneur Saint Jaques en Compostelle et a Notre Dame de Finibus terre [1] et fu le VIII[e] jour du mois de juillet que je parti de mon chasteau de Caumont [2], l'an mil CCCCXVII et fuy de retour a Caumont le tiers jour de setembre apres venent, l'an susdit, ou il est le nomme dez pais et le nombre des lieues du lieu en autre.

Le chemin de Monseigneur Saint Jaques en Compostelle et de Notre Dame de *finibus terre* ou est l'un chief du monde qui est sur rive de mer en une haulte roche de montaigne.

Premieremant de Caumont a Roqueffort [3]........	IX lieues.	
MARSAN.		*Fol.* 105.
De Roquaffort au Mont de Marsan.	III lieues.	
Du Mont de Marsan a Saint Seve [4].	II lieues.	
De Saint Seve a Fayet mau [5]................	II lieues.	
BEARN.		
De Fayetmau a Hortes [6].....................	IIII lieues.	
De Hortes a Sauvaterre [7]....................	III lieues ‖	
BASCOS.		*F.* 105 *v°.*
De Sauvaterre a Saint Palays [8]...............	II lieues.	
De Saint Palays a Hostavach [9]..............	II lieues.	

1. Santa Maria de Finisterre, dans la presqu'île qui termine le cap de ce nom, en Galice.
2. Caumont-sur-Garonne (Lot-et-Garonne, cant. le Mas-d'Agenais).
3. Roquefort (Landes).
4. Saint-Sever (Landes).
5. Hagetmau (Landes).
6. Orthez (Pyr.-Atl.).
7. Sauveterre (Pyr.-Atl.).
8. Saint-Palais (Pyr.-Atl.).
9. Ostabat (Pyr.-Atl.).

NAVARRA.

De Hostavach a saint Jehan de Pe des Portz [1]...	IIII lieues.
De Saint Jehan de Pe dez Portz au Capeyron roge [2]..	III lieues.
Du Capeyron roge a Notre Dame de Ronssevaux [3] et au Borguet [4] qui est pres d'aqui [5]..............	IIII lieues ‖
Fol. 106. Du Borguet a la Rosonhe [6]....................	V lieues.
De le Rossonhe a Pampalone [7]................	III lieues.
De Pampalone au Pont le Royne [8].............	V lieues.
Du Pont le Royne a l'Estelle [9]................	III lieues.
De l'Estelle als Arcos [10].......................	IIII lieues.

CASTELLE.

Dels Arcos al Grunh [11].....................	V lieues.
Du Grunh a Navarret [12].	II lieues ‖
F. 106 *v°*. De Navarret a Nagere [13].	III lieues.

et davant ceste place ha ung grant champ moult lonc et ample ou le prince de Gales [14], duc de Guienne filz du bon roy Edoart qui avoit en sa compaignie de moult belle chevallerie et escuierie de Guascons et d'autres d'Angleterre gueagne le bataille et esconffit le roy Enric et mist

1. Saint-Jean-Pied-de-Port (Pyr.-Atl.).
2. Non identifié.
3. Roncevaux.
4. Burguete en Navarre.
5. C'est-à-dire près de là.
6. Larrasoaña.
7. Pampelune.
8. Puenta la Reina.
9. Estella.
10. Los Arcos.
11. Logroño.
12. Navarete.
13. Najera.
14. C'est la bataille dite de Navarete ou de Najera que Pierre le Cruel aidé du prince Noir, remporta en 1367, sur Henri de Transtamare et les Français commandés par Du Guesclin et où celui-ci fut fait prisonnier.

en possession le roy Pedro de tout le royaume d'Espaigne comme roy droyturier.

De Nagere a Sainto Dominguo de le Calssade [1].... IIII lieues.

auquel lieu avint une foix jadis ung grant miracle [2] c'est assavoir que ung pelerin et sa femme aloient a Saint Jaques et menoient avec eulx ung filz qu'ilz avoient moult bel enfant et en l'ostelerie ou ilz logerent la nuyt, avoit une servente qui se cointa dudit enfant moult grandement et pour ce qu'il n'eut cure d'elle si fut grandemant indignee contre luy et le nuyt quant dormoit, elle entra en sa chambre et mist une tasse d'argent de cellez de l'ouste en son echirpe et lendemain matin quant le pere et mere et filz se leverent, tindrent leur chemin avant et quant furent passés le ville le servente dist asson mestre que une tasse estoit || perdue et que lez pelerins qui leans avoient couchié la devoient avoir *Fol.* 107 emblé et tantost l'ouste fist aller apres eulx savoir s'il estoit ainsi et lez aperseurent ben une lieue loing et distrent s'ilz avoient eu une tasse et ils distrent que non ne pleust a Dieu, car ils estoient bons vrais pelerins et james ne feroient telle malvestié et ceux ne les voloient croire, ains serchierent premierement le pere et le mere et ne trouverent riens et puis vont serchier l'enfant et trouvarent le tace en l'eschirpe ou le servente l'avoit mise ; de quoy les pelerins furent moult esbays et alerent tourner l'enfant en le ville et l'amenerent a le justice et fut jutgié estre pendu, de quoy le pere et mere eurent grand deul, mez pourtant ne demourerent aler leur pelerinage a Saint Jaques et puis s'en tournarent

1. Santo Domingo de la Calzada.
2. Ce miracle ne figure pas dans le recueil de miracles qui forme le livre II du Codex Calixtinus, mais il se retrouve ailleurs. L'abbé Pardiac, *op. cit.*, p. 126, en parle d'après un *Libellus miraculorum sancti Jacobi* et il fait partie des traditions légendaires qui entourent le pèlerinage de Compostelle ; les chansons de pèlerins y font allusion :

> Oh que nous fûmes joyeux
> Quand nous fûmes à Saint-Dominique
> En entendant le coq chanter
> Et aussi la blanche geline.

Le pèlerin picard raconte ce miracle et décrit la cage de fer où « sont enfermés un coq et une poule blanche en mémoire de celui qui était rôti à la broche du juge ». Cf. Bonnault d'Houët, pp. 53-55.

en leur pais et vont passer audit lieu de Sainto Dominguo et alerent au gibet pour veoir leur enfant pour prier Dieu par (*sic*) son ame et quant ilz furent bien pres, se prindrent forment a plourer et l'enfant fut tout vif et leur vayt dire que ne menassent deul car il estoit vif, tout sain, car depuis qu'ilz partirent ung preudome l'avoit tout dis soustenu par les piés que n'avoit eu nul mal et encontinent ils s'en alerent au juge disant

F. 107 v⁰. qu'il luy || pleust fere descendre du gibet leur enfant car il estoit vif et le jutge ne le vouloit james croire pour ce que estoit impossible et tout jour plus fort le pere et mere afermer qu'il estoit ainxi et le jutge avoit fait aprester son disner ou il avoit en l'aste au feu un cok [1] et une geline que rosti estoient et le juge vayt dire qu'il creyroit ainxi tost que celle poulaille de l'aste que estoit pres cuyte chantessent comme que celluy enfant fusse vif et encontinent le cok et le jaline sordirent de l'aste et chanterent et lors le jutge fut moult merevillés et assembla gens pour aler au gibet et trouverent qu'il estoit voir et le mirent a bas sain et vif et il ala compter comme il ne savoit riens de le tace et come le chambrier l'avoir prié et ycelle fust prise et comfessa la verité qu'elle l'avoit fait pour ce qu'il n'avoit voulu fere sa voulenté et fu pendue et encores ha en l'eglize un cok et une jeline de le nature de ceulx qui chanterent en l'aste davant le jutge et je les ay veuz et sont toux blancs.

Fol. 108.

De Sainto Domingo a Vilefranque [2]............	VII lieues.
De Villefranque a Burguos [3].................	VIII lieues.

ESPANHE.

De Burguos a Formelhos [4]....................	IIII lieues.
De Formelhos a Castrosiris [5].................	IIII lieues.
De Castro Siris a Fromesta [6].................	V lieues.
De Fromesta a Carrion [7]....................	IIII lieues.

1. Ici et plus loin le marquis de la Grange a lu *coli*, forme difficile à expliquer ; le manuscrit porte incontestablement partout *cok*.
2. Villafranca.
3. Burgos.
4. Hornillos del Camino.
5. Castrogeriz.
6. Fromista.
7. Carrion de los Condes.

De Carrion a Safagon [1]...................... VIII lieues.
De Saffagon a Manselhe [2]...................... VIII lieues.

LEON.

F. 108 v⁰.

De Mansselhe a Leon......................... III lieues.
De Leon au Pont de l'Aygua [3]................ VI lieues.
Du Pont de l'Eve [3] [a] Astorgue [4]............. III lieues.
De Astorgue a Ravanello [5].................... V lieues.

GUALICIE.

De Ravanello a Pont Ferrado [6]................ VIII lieues.
De Pont Ferrado a Cacanelhos [7]............... III lieues.
‖De Cacanelhos a Travadello [8]................ IIII lieues. *Fol. 109.*
De Travadello a la Fave [9].................... IIII lieues.
De le Fave a Triquestele [10].................. VI lieues.
De Triquestele a Sarrie [11]................... IIII lieues.
De Sarrie a Porto Marin [12].................. IIII lieues.
De Porto Marin a Palays de Roy [13]........... VI lieues.
De Palays de Roy a Melid [14]................. III lieues.
De Malid a Doas casas [15]. .... VI lieues.
De Duas cazas a Saint Jaques................ III lieues.

1. Sahagun.
2. Mansilla.
3. Sans doute Puente Orbigo (*eve* est un doublet de *aygua* = eau).
4. Astorga.
5. Rabanal del Camino.
6. Ponferrada.
7. Cacabelos.
8. Travadelos.
9. Lafaba.
10. Triacastela.
11. Surria.
12. Puerto Marin.
13. Palaz de Rey.
14. Mellid.
15. Doas Casas, du côté d'Arzua ?

F. 109 v°.

SAINT JAQUES.

De Saint Jaques a Salhemane [1] pour aler a Notre
Dame de Finibus terre......................... IIII lieues.
De Salhemana a Maronhas [2]................... III lieues.
De Maronhas a Notre Dame de Finibus terre.... VIII lieues.
lequell est au port de le mer et de la en avant l'en ne trouve plus terre
auquel lieu fait de beaux miracles et y a une grant montaigne ou est ung
hermitatge de Saint Guilhames du desert [3].

NOTRE-DAME DE FINIBUS TERRE [4].
LE RETOUR ||

Fol. 110.

De Finibus terre a Noye [5]..................... IX lieues.
De Noye al Patron [6]......................... IIII lieues.
C'est ung lieu auquel Monseigneur saint Jaques arriba d'outre mer
ou lez Sarrazins l'avoient couppé le teste et vint en une nef de pierre le
chief et le corps separés l'un de l'autre, tout seul sans autre chouse et
j'ay veu le nef a le rive de le mer.

LE PATRON.

Du Patron a Saint Jaques................... IIII lieues.
De Saint Jaques a Ferreyres [7]................ V lieues.
De Ferreyras a Melid....................... IIII lieues.

1. San Roman (?).
2. Maronhas non identifié.
3. Qui rappelle l'ermitage de Saint-Guillaume dans la vallée de Gellone,
Saint-Guilhem le Désert (Hérault).
4. Ce pèlerinage ne paraît pas avoir été encore en honneur au temps du
Guide.
5. Noya, au fond du golfe de Muros y Noya.
6. Le pèlerinage au Padrón était le complément obligé du pèlerinage de
Compostelle comme le prouve le distique :

Quen va Santiago e non va a Padrón.
O faz romeria o non.

Cité par LÓPEZ-FERREIRO, I, p. 42.
7. Ferreiros.

‖De Melid a Porto Marin......................	IX lieues.	*F. 110 v°.*
De Porto Marin a Sarrie.......................	IIII lieues.	
De Sarrie a le Font Fira [1]....................	VII lieues.	
De Font Fira a Travadello....................	VIII lieues.	
De Travadello a Cacanelhos..................	IIII lieues.	
De Cacanelhos a Molines [2]....................	IIII lieues.	
De Molinas a Ravanello......................	VI lieues.	
De Ravanello [a] Astorgua....................	V lieues.	
De Astorgue au Pont de l'Aygua..............	III lieues.	*Fol. 111.*
Du Pont de l'Aygua a Leon...................	VI lieues.	
De Leon a Borinelho [3].......................	VII lieues.	
De Borinelho a Saffagon.....................	IIII lieues.	
De Saffagon a Carrion.......................	VIII lieues.	
De Carrion a Fromesta.......................	IIII lieues.	
De Fromesta a Castro Siris...................	V lieues.	
De Castro Siris a Burguos....................	VIII lieues.	
De Burguos a Vilefranque....................	VIII lieues.	*F. 111 v°.*
De Vilefranque a Vileforat [4].................	II lieues.	
De Vileforat a Sainto Dominguo..............	IIII lieues.	
De Sainto Dominguo a Nagere................	IIII lieues.	
De Nagere al Gronh..........................	V lieues.	
Du Gronh als Arcos..........................	V lieues.	
Dels Arcos a l'Estelle........................	V lieues.	
De l'Estelle au Pont le Royne................	IIII lieues.	
Du Pont le Royne a Pampalone...............	V lieues.	*Fol. 112.*
De Pampelone au Borguet....................	VIII lieues.	
Du Borguet au Capeyron Roge................	IIII lieues.	
Du Capeyron Roge a Saint Jehan de Pe dez Portz..	III lieues.	
De Saint Jehan a Hostavach..................	IIII lieues.	
De Hostavach a Sauvaterre...................	IIII lieues.	
De Sauvaterre a Hortes......................	III lieues.	
De Hortes a Saut de Nohallas [5]..............	II lieues.	

1. Fonfria.
2. Molina Seca.
3. Brunello sur l'Elsa, dit M. de la Grange.
4. Non identifié.
5. Sault de Navailles (Pyr.-Atl., cant. Orthez).

F. 112 v°: De Saut a Urgons [1]......................... IIII lieues.

De Urgons a Durffort [2]...................... II lieues.

De Durffort à Roqueffort.................... V lieues.

De Roquaffort à Caumont................... IX lieues.

Finito libro sit laus gloria Xpisto A.M.E.N.

Qui scripsit istum librum ad Deum vadat unum e trinum ubi laus et gloria in seculorum cantatur secula.

FERM CAUMONT.

1. Urgons (Landes, cant. Geaune).
2. Duhort (Landes, cant. Aire sur l'Adour).

INDEX

ADDENDA ET CORRIGENDA

P. VII. Cette édition était en effet en partie prête dès 1935 ; les événements en ont retardé la publication jusqu'en 1944 ; voir p. XIX.

P. VIII. M. Élie LAMBERT devenu professeur à la Sorbonne, est décédé. M. G. GAILLARD, professeur à la Sorbonne, est décédé.

P. IX. Pierre DAVID a apporté de nouvelles et précieuses indications sur le *Liber Sancti Jacobi* ; se reporter à son ouvrage cité p. XVII.

P. X. Voir l'édition WHITEHILL citée p. XIX.
Outre l'édition WHITEHILL, voir H. M. SMYSER, *The pseudo-Turpin edited from Bibliothèque Nationale, Fonds latin ms 17656, with an annotated synopsis*, Cambridge, Mass., 1937.

P. XII. Voir surtout l'étude de P. DAVID.

P. XIII, 7e ligne. La question a été reprise depuis par plusieurs érudits, notamment M. A. DE MANDACH dans *Naissance et développement de la chanson de gestes en Europe*, Genève, 1961 et 1963. On en trouvera le point actuel dans l'édition prévue des Actes du Congrès de la *Société Rencesvals*, Pampelune-Santiago, 1978, par *Principe de Viana*.

P. XIII, 20e ligne. Il faut remarquer que de grands monastères clunysiens qui se trouvent sur la route du pèlerinage ne sont même pas cités, ce qui nous incline à mettre en doute cette origine.

P. XVII, n. 1. De plus amples informations se trouveront dans les ouvrages cités plus loin, de P. DAVID et WHITEHILL.

P. 21, n. 2. Voir Bonifacio de ECHEGARAY, *La voz « sicera » en la Guia del Peregrino del codex calixtinus*. Saint-Sébastien, 1949.

P. 26, n. b. Le récit du pseudo-Turpin (voir MEREDITH-JONES, *ed. cit.*, p. 181-183) confirme la lecture *cum XL milibus*.

P. 31, n. 1. M. PERDRIZET estimait qu'il fallait transcrire *anconas* (ἀγκῶνας) mais la forme *aucona* dont la lecture ici n'est pas douteuse se retrouve dans le pseudo-Turpin ; voir MEREDITH-JONES, p. 56 et n. 1 et P. DAVID, *Etudes...*, III, p. 104.

P. 33. Élie LAMBERT et P. DAVID suggèrent de lire *Campos*, c'est-à-dire *la tierra de Campos* (prov. de Palencia).

P. 39, n. 2. Voir aussi P. DAVID, *Etudes...*, II, p. 70.

P. 41, n. 3. M. le chanoine CANTALOUBE m'apprend qu'il fera paraître dans le *Bulletin du Comité de l'Art Chrétien* de Nîmes le résultat des recherches qu'il a effectuées à ce sujet : la châsse semble encore figurer dans un inventaire du trésor de Saint-Gilles dressé en 1362, mais dans les suivants, on n'en signale plus que des débris dont les derniers furent dispersés au temps des guerres de religion.

P. 46, n. 2. Le D^r Ch. Pétouraud qui connaît bien l'histoire de Chamalières est revenu sur la question dans les *Albums du Crocodile*, Lyon, 1950, I-II et 1963, pp. 8-10.

P. 47. L'iconographie de cette châsse a fait l'objet d'une étude fort pertinente du Dr Pétouraud dans les *Albums du Crocodile*, I, II, Lyon, 1949 ; nous engageons vivement nos lecteurs à s'y reporter.

P. 47, n. 3. C'est vraisemblablement de Saint-Seine l'Abbaye au diocèse de Langres (auj. Dijon) qu'il s'agit ; auprès de l'actuelle abbatiale, il existait une église plus ancienne consacrée à saint Gilles, qui fut détruite en 1803 et dont il ne reste que des chapiteaux que l'on peut dater du XIe siècle ; cf. J. Vallery-Radot dans le *Congrès archéologique de Dijon* (1928), p. 153 et 179.

P. 47, n. 4. Le Dr Pétouraud m'a rappelé que l'on trouve, dans la chronique de Robert de Torigny, le récit de la vision sur laquelle se fonde cette prétention ; voir p. XVI, n. 4 de l'étude de G. Paris sur la *Vie de saint Gilles* citée plus haut p. 39, n. 2.

P. 51, n. 3. Voir la récente étude de Fr. Salet et J. Adhémar, *La Madeleine de Vézelay*, Melun, 1948.

P. 85, n. 6. M. Robert Ricard en trouve plutôt l'origine dans le mot sémitique *sousan* qui signifie lys en hébreu et en arabe ; d'où le mot espagnol *azucena* et le prénom français *Suzanne*.

P. 89, n. 3. M. Puig i Cadafalch m'a conseillé de traduire *medias cindrias* par demi-berceaux ; ce sont les demi-berceaux qui supportent la couverture au-dessus des bas-côtés ; ils s'opposent à la voûte en berceau (plein cintre) qui couvre la nef ; ce sens convient également quelques lignes plus loin, mais il resterait à expliquer ce que sont les *columpne cindrie*.

P. 91, n. 4. *Cingulum* est employé par le pseudo-Turpin dans le sens de ceinture ; voir éd. Meredith-Jones, p. 175.

P. 96, n. 3. Du Cange ne connaît *crusilla* que dans le sens de « petite croix ». P. David m'apprend que « ce mot est un diminutif du latin *crusia*, coquille, représenté encore avec ce sens dans plusieurs dialectes romans méridionaux ». Il précise (*Études...*, II, p. 54, n. 2) « pour le sens de *crusilla*, voir le sermon *Veneranda dies*, éd. Whitehill, p. 153, ce sont des coquillages que l'on trouve dans la mer de Saint-Jacques ; le peuple les appelle *veras* (portugais *vieiras*, espagnol *veneras*), les provençaux leur donnaient le nom de *nidulas* et les français de *crusillas* ». Voir à ce sujet : H. Treuille, *Crouzille et Coquille* et R. de La Coste-Messelière, *La Coquille dans l'Héraldique* dans *Soulac et le Médoc dans le pèlerinage de Saint-Jacques de Compostelle*, catalogue par J. Warcollier de l'exposition du même nom, Publ. du *Centre d'Études Compostellanes* (87, rue Vieille-du-Temple, Paris 3e. — J. Vielliard, R. de La Coste-Messelière, co-directeurs), Soulac, 1975. *Croisille* : Aymeri Picaud lui-même a employé à nouveau le terme de *crusillae* dans l'hymne à saint Jacques qui lui est attribué par les manuscrits. Cf. *Hymne en l'honneur de saint Jacques*, éd. et trad. J. Vielliard dans R. de La Coste-Messelière. *Sources et illustrations de l'histoire des établissements hospitaliers du pèlerinage de Saint-Jacques de Compostelle*, Publ. du C.É.C., Niort, 1977.

VOCABULAIRE[1]

---

1. Nous avons cru bon de relever ici les termes rares ou d'interprétation difficile pour lesquels nous proposons une traduction aux pages indiquées.

TABLE DES MATIÈRES

ACHEVÉ D'IMPRIMER
EN JUILLET 2004
PAR L'IMPRIMERIE
DE LA MANUTENTION
A MAYENNE
FRANCE
N° 235-04

Dépôt légal : 3e trimestre 2004

Ce guide,
œuvre d'un Français du XIIᵉ siècle,
sans doute d'Aimery Picaud,
décrit l'itinéraire qu'il a parcouru
jusqu'à Compostelle : monuments,
reliques à vénérer, populations à
comprendre, conseils pratiques sur la
route à suivre.
Ce pèlerinage passionnant
nous mène d'étape en étape jusqu'à
Saint-Jacques.

dessin de H. Holbein - fin XVᵉ s.

ISBN 2-7116-9109-8   15 €